IT用语图鉴

——AI时代需要了解的
信息技术相关词汇

256

[日]增井敏克 著
杨 鹏 译

中国水利水电出版社
www.waterpub.com.cn
·北京·

内 容 提 要

从工业时代,到信息时代,再到现在的智能时代,人们的生活发生了翻天覆地的变化。现如今,几乎人人拥有智能手机,互联网深入到我们日常工作生活的各个角落,人工智能应用快速普及,其中IT技术的发展起着非常重要的作用。随着时代的发展,IT行业不断涌现出一些新的热词、术语,让很多人应接不暇。《IT用语图鉴——AI时代需要了解的信息技术相关词汇256》就根据现阶段的公共知识结构、社会环境和技术发展情况,对目前工作和生活中高频出现且理应知道的256个术语热词,通过图鉴的形式按类别进行了汇总整理,读者可随时翻阅查看,不仅适用于从事IT工作和对IT感兴趣的人,也适用于生活在智能时代的每一个人。

图书在版编目(CIP)数据

IT用语图鉴:AI时代需要了解的信息技术相关词汇256 / (日)增井敏克著;杨鹏译. — 北京:中国水利水电出版社,2022.1
 ISBN 978-7-5226-0174-8

Ⅰ. ①I… Ⅱ. ①增… ②杨… Ⅲ. ①信息技术—词汇 Ⅳ. ① G202

中国版本图书馆 CIP 数据核字(2021)第 213670 号

北京市版权局著作权合同登记号　图字:01-2021-5603

IT 用語図鑑 ビジネスで使える厳選キーワード 256
(ITyougo Zukan: 6001-6)
©2019 Toshikatsu Masui
Original Japanese edition published by SHOEISHA Co.,Ltd.
Simplified Chinese Character translation rights arranged with SHOEISHA Co.,Ltd. through Copyright Agency of China
Simplified Chinese Character translation copyright © 2021 by Beijing Zhiboshangshu Culture Media Co., Ltd.

版权所有,侵权必究。

书　　名	IT用语图鉴——AI时代需要了解的信息技术相关词汇256 IT YONGYU TUJIAN—AI SHIDAI XUYAO LIAOJIE DE XINXI JISHU XIANGGUAN CIHUI 256
作　　者	【日】增井敏克　著
译　　者	杨鹏　译
出版发行	中国水利水电出版社 (北京市海淀区玉渊潭南路1号D座100038) 网址:www.waterpub.com.cn E-mail:zhiboshangshu@163.com 电话:(010)62572966-2205/2266/2201(营销中心)
经　　售	北京科水图书销售中心(零售) 电话:(010)88383994、63202643、68545874 全国各地新华书店和相关出版物销售网点
排　　版	北京智博尚书文化传媒有限公司
印　　刷	北京富博印刷有限公司
规　　格	148mm×210mm　32开本　9印张　432千字
版　　次	2022年1月第1版　2022年1月第1次印刷
印　　数	0001—5000册
定　　价	89.80元

凡购买我社图书,如有缺页、倒页、脱页的,本社营销中心负责调换
版权所有·侵权必究

前言

现在是一个几乎人人都拥有智能手机的时代，互联网已经深入我们日常生活的每一个角落。只要稍微有一点碎片时间，就可以刷刷新闻、打打游戏、在社交软件或社交网站上和朋友聊聊天等。当然，你可能经常会遇到一些新的热词、术语，它们或者是因为引起了你的兴趣，或者是你的确需要理解它以保证与相关人士进行交流，于是你便打开网络来搜索和了解这些词。

现如今，用来看新闻的 App 也变得越来越"聪明"了。你是否发现这些软件会以用户过去浏览的内容为基础，推送其可能感兴趣的内容？SNS 为了能让用户便捷地浏览朋友所分享的内容而做出了很多改变，操作界面也越来越人性化了。

生活在这个时代很方便，获取信息的渠道越来越多，信息入手越来越容易，却觉得自己的知识面越来越窄了。聪明的你可能发现了电脑和手机只是一味地"图你所好"，争相推送你喜欢或者你想看到的信息，而自己兴趣之外或专业之外的信息却越来越难以触及。于是，与自己有关联的同事和朋友之间的思考方式或心理距离可能会变得越来越近，也可能变得越来越远。

日复一日，知识盲区越来越多，你想办法改变这个现状，于是打开了搜索引擎，却发现自己的问题找不到对应的词（想问什么、怎么提问都不知道），于是很多人选择了故步自封，可交流的圈子越来越小，最终被隔离在智能社会之外。

试想，如果你已经掌握了一部分基础的网络热词，再以这些已经知道的词汇为起点去关联理解其他知识，则会开辟一条解决问题的通道。毕竟，网络是非常方便且发达的，万万不能一味地被动等待知识，不然无法打开局面。

要注意，有些朋友虽然找到了自己想要的信息，但是，因为解释的内容过于专业，于是又有了新的困惑，比如为了解释某个术语，解释的内容却有新的读不懂的术语，因此有了更多烦恼。

为此，这本书根据现阶段的公共知识结构、社会环境和技术发展情况，严选了 256 个工作和生活中高频出现且理应知道的术语热词，按类别以图鉴的形式进行讲解。我们生活的阶段，是正在从信息社会向智能社会过渡的阶段。因此，这本书不仅适用于从事 IT 工作的人和对 IT 感兴趣的人，也适合每一个生活在这个时代的人。

在我们的日常生活中，孩子们很喜欢阅读《交通工具图鉴》和《昆虫图鉴》等很多图片类图书。这些书都使用快乐易懂的图形，并搭配最低入门限度的信息和小故事，读者进而可以通过网络搜索对自己感兴趣的东西进行调查补充。这本书也采用同样的方式，作为给每一位生活在智能社会的成年人的生活指导书。

最后，这本书为了让没有 IT 知识的文科生或者是新入门的人也能容易理解，所以没有使用专业性的图示或词语，而是使用了可爱的插图来表现。本书为了让读者更容易明白，在专业术语后添加了具体的使用例子。

和一般词典的不同

常见的用语词典中，大多数是按照英文字母顺序或拼音顺序记载的。本书为了让读者更容易理解，将相互接近的关键词编排在一起来实现触类旁通。

除了标题中的词汇，本书还对相关的关键词进行了讲解。因为只保留了面向初学者的最低限度的解释说明，如果有自己感兴趣的关键词，可以在网上进一步查找学习以补充知识网络。如果想更深度地了解相关专业知识，不妨寻找与此用语相关的专业性书籍继续学习。

我也非常期待能以这本书为契机，让大家对 IT 相关知识有更进一步的理解。

第 1 章

术语 001 ~ 034

熟悉新闻中的IT术语

- AI（人工智能）｜像人类一样"聪明"的计算机 2
- RPA｜自动化事务处理 3
- IoT｜物联网 4
- 大数据｜难以记录、存储和分析的庞大数据 5
- 金融科技｜IT与金融的融合 6
- 区块链｜一种收集交易数据的技术 7
- 虚拟货币｜不受国家控制的加密货币 8
- 无人机｜可远程遥控的无人驾驶飞机 9
- 共享经济｜与他人共享或交换利用物资 10
- 敏捷式开发和瀑布式开发｜根据设计变更情况进行对应的开发 11
- 奇点｜AI超越人类 12
- VR、AR和MR｜现实与虚拟世界的融合 13
- 长尾库存管理｜卖不出去的商品也要确保库存 14
- 机器学习｜在没有人类参与教学的情况下自动学习 15
- 深度学习｜第三次人工智能热潮的源动力 16
- POS｜对门店销量的分析 17
- 远程办公｜不受时间和地点限制的工作方式 18
- BYOD｜让员工的个人智能设备参与到工作中来 19
- 影子IT｜公司无法掌握员工的IT利用情况 20
- QR码（二维码）｜二维条形码的行业标准 21
- 网络共享和漫游｜使用智能手机通信线路 22
- 尽力服务（Best Effort）｜通信线路合同必备 23
- 流媒体｜可以一边下载一边播放 24
- 可穿戴设备｜穿在身上的设备终端 25
- 数据中心｜专门用于数据管理的建筑物 26
- 虚拟化｜把没有的东西假装成有（无中生有）......27
- SCM｜跨公司的物流综合管理 28
- 系统集成商｜从构建到运行一条龙承包 29
- 内部控制｜检查组织的运作是否正常 30
- 通用设计（Universal Design）｜旨在提供任何人都可以使用的设计 31
- 开放数据｜任何人都可以自由使用的数据 32
- 中央处理机｜用于关键系统的大型计算机 33
- GPS｜可以获取位置信息 34
- 离岸｜将据点转移到海外 35
- 补充 36

III

第 2 章

术语 035 ~ 079

配套学习IT术语

数据挖掘和数据科学 | 从大量数据中发现新知识 ········· 38
因特网和内联网 | 连接多台计算机和组织 ········· 39
分组交换和电路交换 | 实现稳定的通信 ········· 40
ADSL 和光纤 | 高速网络 ········· 41
WAN 和 LAN | 表示网络范围 ········· 42
协议和 OSI 参考模型 | 通信口令 ········· 43
IP 地址和端口号 | 网络位置的编码 ········· 44
域名和 DNS | 用来给计算机命名 ········· 45
路由器和交换机 | 确定网络路径必不可少的设备 ········· 46
客户端、服务器和 P2P | 计算机共享 ········· 47
TCP 和 UDP | 提供通信所需的可靠性和速度 ········· 48
DHCP 和默认网关 | 将计算机连接到网络 ········· 49
NAT 和 NAPT | 在同一地址管理多台计算机 ········· 50
分组 (Packet) 和帧 (Frame) | 通信的基本单位 ········· 51
会话和连接 | 管理连接状态 ········· 52
网域和网段 | 识别网络区域 ········· 53
CPU 和 GPU | 计算机的大脑 ········· 54
就地部署和云端 | 系统管理员变更 ········· 55
文件和扩展名 | 与应用程序关联的方式 ········· 56
文件夹和目录 | 管理档案 ········· 57
绝对路径和相对路径 | 显示文件位置 ········· 58
无损压缩和有损压缩 | 减少文件所占空间 ········· 59
VGA 和 HDMI | 输出视频 ········· 60
字符编码和机种依存字符 | 字符因环境而异 ········· 61
字体和字号 | 改变文字的外观 ········· 62
前端和后端 | 在系统中担负不同的作用 ········· 63
导入和导出 | 与其他软件交换数据 ········· 64
图标和象形图 | 一目了然的表达方式 ········· 65
版权和知识共享 | 防止剽窃 ········· 66
系统软件和操作软件 | 软件角色不同 ········· 67
文本文件和二进制文件 | 可以分为两种类型的文件格式 ········· 68
分辨率和像素 | 决定照片或图像的清晰度 ········· 69
十进制、二进制和十六进制 | 计算机内部的数字表达 ········· 70
版本和发行 | 管理同一软件的更新 ········· 71
Git 和 Subversion | 版本控制系统的标准 ········· 72

IV

模块和软件包 | "库"的管理 ··73
电子表格和DBMS | 集中管理数据 ··74
SMTP、POP和IMAP | 用于发送和接收电子邮件 ··································75
搜索引擎和嗅探器 | 在互联网上收集数据 ··76
串行和并行 | 高速传输数据的方法 ···77
物理××和逻辑×× | "脑补"出的硬件 ··78
纵向扩展(Scale Up)和横向扩展(Scale Out) | 提高计算机性能的技术 ············79
SE和程序员 | 系统开发相关的职业 ···80
适配器和转换器 | 转换数据的设备 ···81
网站和网页 | 在互联网上公开的信息 ···82
补充 ··83

第 3 章

术语 080～117

商务会议中使用的IT行业术语

工时、人日、人月 | 用于估计开发周期 ···86
事实标准 | 为了支持更多用户 ··87
资源和容量 | 事先确保容量很重要 ···88
启动和发布 | 对公众开放 ···89
转换迁移(Cutover)和业务介入(Service in) | 从系统开发结束到用户开始使用 ···90
项目管理 | 按计划推进工作 ···91
WBS | 将所需的工作进行细分 ··92
SLA | 表示服务的可靠性 ···93
SES | IT行业的一种工作方式 ··94
素养 | 作为现代人的一般常识 ··95
最终用户 | 为用户着想 ··96
Fix (固定规格) | 不允许更改的规格 ··97
权衡 | 左右为难,不可两全 ··98
可访问性 (Accessibility) | 全民可用的意识 ···································99
可用性 (Usability) | 方便易用是第一理念 ·····································100
默认 | 许多用户按初始设置的状态使用着 ·······································101
阈值 | 判断的标准 ··102
更新 (Replace) | 更换为新系统 ··103
模拟 | 在某些限定条件下的仿真实验 ··104
原型品 | 试做的成品 ··105
接口 | 不同事物之间的连接 ···106
UI和UX | 从使用者的角度考虑 ··107
事故和故障 | 妥善处理纠纷 ··108

V

渠道｜有效地吸引客户 ··········109
潮词（Buzzword）｜短时间流行起来的热词 ··········110
URL和URI｜互联网上的文件位置 ··········111
HTTP和HTTPS｜传输内容 ··········112
接入点｜连接到无线局域网 ··········113
吞吐量和流量｜据此可了解通信拥塞情况 ··········114
代理服务器｜通信的"代理人" ··········115
主目录和当前目录｜层次移动的基点 ··········116
缓存｜保存你曾经使用的内容 ··········117
存档｜妥善保管旧数据的方法 ··········118
抓取｜采集数据的一种方式 ··········119
对比度｜让明与暗对比更加分明 ··········120
全渠道｜考虑多种销售渠道 ··········121
旧版迁移（Legacy Migration）｜改造旧系统 ··········122
RFP（需求建议书）｜系统开发业务的必需文件 ··········123
补充 ··········124

第 4 章

术语 118 ~ 156

用于创建网站和运营SNS的IT术语

EC｜互联网上的交易 ··········126
联署会员｜通过网站平台帮助广告商实现广告投放以获得收入 ··········127
SEO和SEM｜显示在搜索结果前列的办法 ··········128
策展（Curation）｜根据特定的主题收集信息 ··········129
社交媒体和SNS｜将人与公司联系起来的服务 ··········130
CMS｜帮你轻松地更新网站 ··········131
LP（引导页）｜访客访问时最先呈现出的页面 ··········132
CV（转化）｜通过线上实现了目标 ··········133
预览｜在不滚动的情况下显示的页面范围 ··········134
印象数｜广告被看到的次数 ··········135
PV（页面浏览量）｜打开特定页面的次数 ··········136
KPI和KGI｜目标达成度的评估指标 ··········137
AB测试｜通过比较多种模式进行评估 ··········138
导览路径和层次结构｜了解你正在查看的页面所在的位置 ··········139
响应式设计｜根据屏幕大小自动更改布局 ··········140
缩略图｜显示缩小后的图像列表 ··········141
重定向（Redirect）｜移至另一个网址 ··········142
租赁服务器｜借用公司提供的服务器 ··········143

网站地图 | 整理网站的页面结构 ……144
HTML | 构成网页的语言 ……145
CSS（样式表）| 设计网页 ……146
Cookie | 管理Web服务器和浏览器之间的状态 ……147
简约设计 | 专注于保证最低性能标准 ……148
图层 | 图像处理软件中重叠的层 ……149
栅格化 | 将图像转换为点表示 ……150
切片 | 拆分保存图像 ……151
线框图和设计原型 | 设计工作开始前的草图 ……152
栏 | Web设计中的版式 ……153
页眉、侧边栏、页面主体、页脚 | 网页组件 ……154
内容 | 网页正文 ……155
糅合(Mashup) | 将多个信息组合在一起以生成新的服务 ……156
开源代码 | 公开的软件源代码 ……157
爬虫 | 从网页中提取信息 ……158
FTP和SCP | 安全地发送和接收文件 ……159
JPEG和PNG | 图像压缩技术 ……160
OGP（社交图谱协议）| 为了SNS在设备上正常显示的网页设置 ……161
视差滚动 | 以滚动速度呈现三维效果 ……162
质感设计（Material Design）与扁平化设计（Flat Design）| 设计的趋势 ……163
CDN | 用于快速分发网站的网络 ……164
补充 ……165

第5章

术语 157～192

对抗网络攻击的信息安全术语

黑客（Hacker）和骇客（Cracker）| 具有计算机或网络知识和技术的人 ……168
恶意软件、计算机病毒和蠕虫病毒 | 感染其他程序 ……169
病毒码文件和沙箱 | 防病毒的必备技术 ……170
垃圾邮件 | 乱发大量信息的垃圾邮件 ……171
间谍软件和键盘记录器 | 重要信息会因此外泄 ……172
勒索病毒 | 索要赎金的病毒 ……173
针对性攻击 | 针对特定组织的攻击 ……174
DoS攻击（阻断服务攻击）| 导致计算机系统高负载状态 ……175
暴力攻击与凭证填充攻击 | 目标是窃取密码 ……176
社会工程 | 瞄准人类的弱点 ……177
双因素身份验证和两步验证 | 即使密码已知，若未经授权也无法登录 ……178
单点登录 | 认证信息的继承 ……179

VII

| 冒充 | 以其他用户的身份进行活动 | 180
| 匿名性 | 隐藏身份后行动 | 181
| 网络犯罪 | 正在逐年增加的利用互联网的犯罪 | 182
| 越权访问 | 通过网络攻击 | 183
| 脆弱性和安全漏洞 | 会被攻击者瞄准的弱点 | 184
| 零日攻击 | 在修复之前发生的攻击 | 185
| ISP(互联网服务提供商) | 互联网连接的必要环节 | 186
| 验证和授权 | 除身份验证外,还需要获得本人许可 | 187
| 访问权限 | 确定用户可以访问的范围 | 188
| 加密与解密 | 即使信息被窃听了,窃听者也不明白里面的内容 | 189
| 混合加密 | 公共密钥加密系统和通用密钥加密系统的组合 | 190
| 散列 | 用于检测篡改 | 191
| 电子签名 | 确认某文件是由某人创建的 | 192
| 凭证 | 来自第三方的认证 | 193
| SSL 和 TLS | 对通信进行加密 | 194
| WEP 和 WPA | 无线局域网加密系统 | 195
| VPN | 在公共无线局域网上实现安全通信 | 196
| 分组过滤 | 在通信路径上进行内容检查 | 197
| 密码危机 | 密码安全正在受到威胁 | 198
| 数字取证 | 对 PC 上的残存记录进行分析 | 199
| 防火墙 | 阻挡不正当的通信 | 200
| 信息安全(三要素) | 信息安全中的 CIA | 201
| 系统监控和安全监控 | 内部和外部的双重检查 | 202
| 瘦客户端(Thin Client) | 不存储数据的终端 | 203
| 补充 | 204

第 6 章

术语 193～230

IT业界的基本术语

| 五大设备 | 所有计算机通用的设备及其功能 | 206
| IC(集成电路) | 小电子零件的组合 | 207
| 设备和设备驱动程序 | PC 外设的操作 | 208
| 存储器 | 大容量的存储设备 | 209
| 安装 | 使存储设备可用化 | 210
| 不间断电源设备(UPS) | 应对雷击等导致的电源骤停问题 | 211
| 刀片式 PC | 用于数据中心的计算机 | 212
| 虚拟机 | 在软件上运行的计算机 | 213
| 虚拟内存 | 用软件实现内存管理 | 214

| 编程语言 | 为计算机写指令 ······ 215
| 源代码和编译 | 将指令转换成计算机可读的形式 ······ 216
| 算法和流程图 | 简化流程 ······ 217
| 面向过程编程和面向对象编程 | 提高源代码的可维护性 ······ 218
| 函数编程和逻辑编程 | 描述目的而不是步骤 ······ 219
| 错误和调试 | 纠正编程错误 ······ 220
| 单元测试和组合测试 | 检查程序运行情况 ······ 221
| 黑盒测试和白盒测试 | 从不同的角度进行测试 ······ 222
| 测试覆盖率和猴子测试 | 确保完整性 ······ 223
| 框架 | 有助于提高开发效率 ······ 224
| 配对编程 | 有助于提高工作效率和质量 ······ 225
| 属性 | 更改和查看设置 ······ 226
| 垃圾回收 | 清理不再需要的文件以释放内存空间 ······ 227
| 重构 | 优化源代码而不更改行为 ······ 228
| 内核 | OS的核心部分 ······ 229
| API和SDK | 调用开发所需的库 ······ 230
| MVC和设计模式 | 面向对象编程中经常使用的标准 ······ 231
| 数据类型和NULL | 指定可在程序中存储的数据 ······ 232
| 队列和堆栈 | 将数据存储在一列中 ······ 233
| 函数和参数、过程和例程 | 将工作集中处理 ······ 234
| 递归调用 | 调用自身的函数 ······ 235
| 关系型数据库和SQL | 关联和管理多个表 ······ 236
| 表和索引 | 以表格形式管理数据 ······ 237
| 规范化和主键 | 拆分表格以便于处理 ······ 238
| 事务和检查点 | 防止数据丢失 ······ 239
| 死锁和独占控制 | 避免同时更新 ······ 240
| 存储过程 | 集中执行一系列操作 ······ 241
| 负载均衡 | 多台设备分担处理任务 ······ 242
| 热待机和冷待机 | 为故障发生时做的准备 ······ 243
| 补充 ······ 244

第7章

术语 231～256

必须了解的IT业界牛人

| 艾伦·麦席森·图灵 | 图灵测试的创造者 ······ 246
| 克劳德·艾尔伍德·香农 | 信息理论之父 ······ 247
| 埃德加·弗兰克·科德 | 发明了关系模型 ······ 248

| 约翰·冯·诺伊曼 | 提出了诺伊曼式计算机的概念 | 249
| 约翰·巴科斯 | 巴科斯范式的创造者 | 250
| 约翰·麦卡锡 | 框架问题的提出者和LISP的开发者 | 251
| 马文·明斯基 | 人工智能之父 | 252
| 戈登·摩尔 | 摩尔定律的提出者 | 253
| 艾兹赫尔·韦伯·戴克斯特拉 | 结构化编程的提出者 | 254
| 唐纳德·克努特 | 文学化编程的提出者 | 255
| 斯蒂芬·库克 | 验证NP完全性问题的存在 | 256
| 艾伦·凯 | 个人计算机之父 | 257
| 拉里·埃里森 | 甲骨文（Oracle）的联合创始人 | 258
| 理查德·斯托尔曼 | 自由软件精神领袖 | 259
| 保罗·艾伦 | 微软联合创始人，在硬件方面有很深的造诣 | 260
| 蒂姆·伯纳斯·李 | WWW之父 | 261
| 埃里克·施密特 | 谷歌（现Alphabet）前首席执行官 | 262
| 比尔·盖茨 | 微软联合创始人，也是著名的程序员 | 263
| 史蒂夫·乔布斯 | 苹果公司联合创始人 | 264
| 蒂姆·库克 | 苹果公司首席执行官 | 265
| 迈克尔·戴尔 | 戴尔公司创始人 | 266
| 莱纳斯·托瓦尔兹 | Linux的开发者 | 267
| 埃隆·马斯克 | 特斯拉公司CEO | 268
| 拉里·佩奇、谢尔盖·布林 | Google（现为Alphabet）的联合创始人 | 269
| 马克·扎克伯格 | Facebook联合创始人 | 270
| 杰夫·贝索斯 | 亚马逊公司（Amazon）联合创始人 | 271

补充 ·········· 272

后记 ·········· 273

本书的使用方法

假如你是文科出身，或者准备跳槽，如果你完全没有 IT 知识，请先从第 1 章开始学习。"概要"和"术语解说"用一句话说明各个术语，读完这些后再结合参考"插图"，就能掌握该术语大致的意思。想要了解更多信息的人，可以阅读"与术语相关的知识"，以从多个角度加深理解。

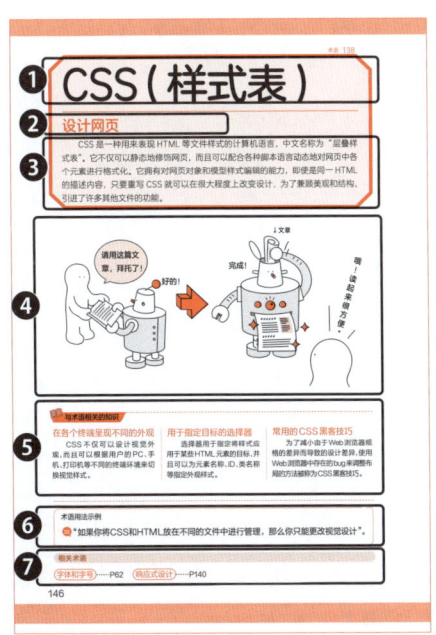

❶ **术语名称**：在相应页面上要进行说明的术语。

❷ **概要**：用一句话简洁说明该术语的意思（特征或用处）。

❸ **术语解说**：详细说明了术语的意义和特征，以及与容易弄错的用语的区别用法等。

❹ **插画**：把术语尽量比作身边的东西进行插画，有助于直观地掌握术语的意义。

❺ **与术语相关的知识**：介绍了从另一个角度理解术语的相关知识。

❻ **术语用法示例**：为了协助读者了解术语的使用方法，附带了例句。在第 7 章的"该人物亮点！"中说明了知名人物在该术语相关领域的贡献与业绩。

❼ **相关术语**：列出了与该页术语有近似联系的术语，一起学习掌握会有相辅相成的效果。

第1章

熟悉新闻中的IT术语

术语 001~034

术语 001

AI（人工智能）

像人类一样"聪明"的计算机

AI 即人工智能，是为了让计算机能够像人类一样进行智能工作而制作的软件或软件集合体。虽然无法实现和人类完全一样的思考模式，但在围棋、象棋、图像处理等特定领域的研究和探索方面取得了超越人类的成果。目前的发展如火如荼，现阶段也被称为第三次人工智能热潮，很多研究人员正在竞相研究。

📖 与术语相关的知识

AI 与机器人的区别

AI 是可以通过学习进行自我进化的软件，而机器人是指能够按照事先编写好的程序自动完成工作的设备。目前机器人也搭载了 AI。

实际应用案例

它不仅在围棋、象棋领域中战胜了人类专业选手，而且正被应用于图像识别等领域。在未来汽车自动驾驶、家政机器人等领域的实用化也值得期待。

AI 开发语言的变化

过去，LISP、Prolog 等编程语言在 AI 的开发中使用较多，现在使用较多的是 Python 等统计库方面更加发达的语言。

术语用法示例

💬 "今后，可以处理家务和育儿的搭载 AI 的机器人也将被开发出来。"

相关术语

(奇点)……P12　(机器学习)……P15　(深度学习)……P16

术语 002

RPA

自动化事务处理

　　自动化事务处理是计算机中准备好的虚拟机器人按照特定的规则自动处理的工具。由于其可以在"没有编程"的情况下实现跨越多个应用程序的处理，因此可以期待执行事务处理等的负责人不再依靠程序员而直接执行管理，从而提高业务效率。

第 1 章　熟悉新闻中的 IT 术语

与术语相关的知识

与宏功能的区别
　　Excel 等电子表格软件具有记录操作顺序并自动执行的宏功能，而 RPA 则可以横贯多个应用程序并实现自动化。

与工厂里的机器人的区别
　　制造业正在推进行业务改善，被称为 FA。RPA 则是将 FA 应用于经理、会计、总务等日常事务处理的手段。

与 AI 的区别
　　RPA 是将固定的业务自动化，而使用最新的人工智能技术实现高度自动化的方法被称为认知自动化（Cognitive automation）。

术语用法示例

💬 "如果引进最近流行的 RPA，会减少加班吗？"

相关术语

影子 IT ……P20　　爬虫 ……158

3

术语 003

IoT

物联网

物联网,不仅将 PC 和智能手机等终端设备连接到互联网上,而且将相机、传感器、家电等所有机器都连接到互联网上。用户既可以通过互联网从远处控制家中的设备,也可以通过传感器进行自动控制。因此有望开发出与自动驾驶、农业、健康管理等领域相关的、更加智能化的机器。

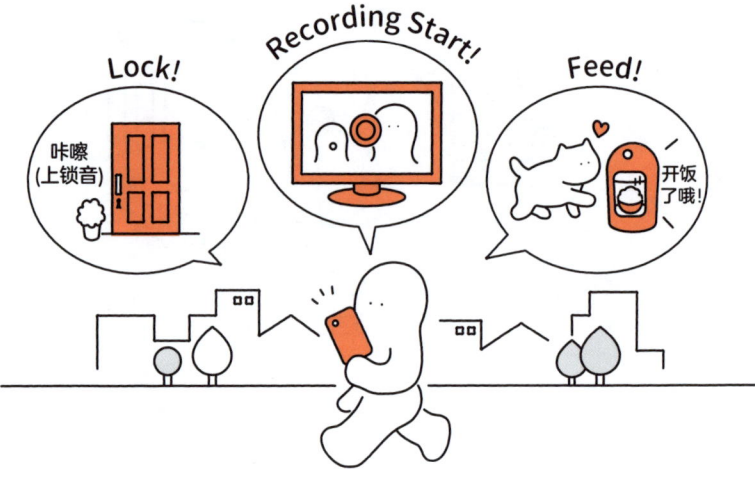

与术语相关的知识

普适联系

1990 年左右开始出现的"普适"一词,是指事物之间无论何时何地都可以通过计算机连接网络的状态,可以说这是现代的 IoT 理念的源头。

边缘计算

边缘计算,是指在靠近设备或数据源头的一侧,通过将从传感器等设备收集的数据分布到安装在终端附近的服务器上而不是远程服务器上来运算处理,以减轻负载并提高响应速度。

M2M

Machine to Machine 的缩写,是指机器相互通信以进行操作的机制。它是一种没有人类介入的配置,通常是指比物联网更大规模的应用程序。

术语用法示例

"啊,刚才我忘锁门了!如果实现了物联网化就好了……"

相关术语

大数据 ……P5 **可穿戴设备** ……P25

术语 004

大数据

难以记录、存储和分析的庞大数据

用普通的计算机难以处理的大量的数据被称为大数据,具有"3V 特征":Volume(高容量)、Velocity(高速度)、Variety(多类型)。通过对大量数据的存储和分析,人们期望能够获得迄今为止尚未发现的知识并创建新的知识体系。

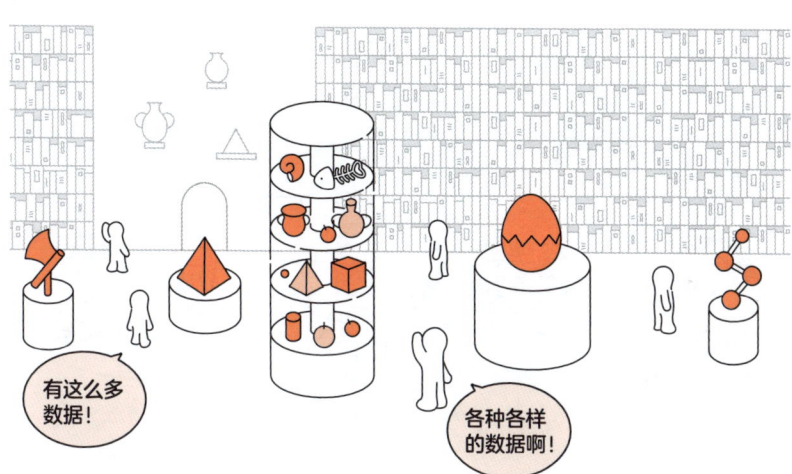

有这么多数据!

各种各样的数据啊!

与术语相关的知识

Volume(高容量)
到目前为止,数据主要是由人类发送和制作的,但通过传感器和照相机等设备收集信息,可以处理大多数数据。

Velocity(高速度)
以往主要是分析数据库中积累的数据,但因为数据发送频繁,所以需要实时处理。

Variety(多类型)
数据库中存储的数据经过整形变得易于处理,大数据处理的不仅有文字,而且有声音、动画等多方面的内容。

术语用法示例

 "让我们把公司内部的大数据灵活运用起来,让所有人都可以浏览。"

 相关术语

(IoT)……P4　(开放数据)……P32　(数据挖掘和数据科学)……38

术语 005

金融科技

IT与金融的融合

这是一个由金融（Finance）和技术（Technology）组合而成的新词，通过IT来实现更便利的结算和资产管理等金融服务。利用智能手机的电子支付服务、与家庭账户进行合作、支持投资和运营、虚拟货币的活用等，很多企业不断地在金融科技服务方面推陈出新，展开竞争。

与术语相关的知识

电子货币的普及

电子货币是使用IC卡或智能手机等代替现金进行数据化的货币结算方法。不需要携带零钱，缩短了结算时间。

用于资产的统一管理

可以对银行、证券公司、信用卡等个人资产进行一元化管理的服务（PFM）已经问世。与传统的家庭收支簿不同，它可以自动跟踪收集数据。

AI在金融行业的应用

运用IT技术提供投资建议和代运营服务的"机器人顾问（Robot Advisor）"已经问世了。将结合用户的情况量身提出适合用户的管理方式并自动运行。

术语用法示例

"如果金融科技不断推出新的服务，银行职员的饭碗就不保了。"

相关术语

区块链……P7　虚拟货币……P8　QR码（二维码）……P21

术语 006

区块链

一种收集交易数据的技术

区块链是一种将交易的记录存储在被称为"块"的空间中的机制，该空间被划分为一定大小并像链条一样相连接。"块"被分散保存在多台计算机中，具有难以篡改记录的特点。与以往相比，运营成本有望减少，并且该技术已被应用于比特币等虚拟货币和金融科技等领域。

第1章 熟悉新闻中的IT术语

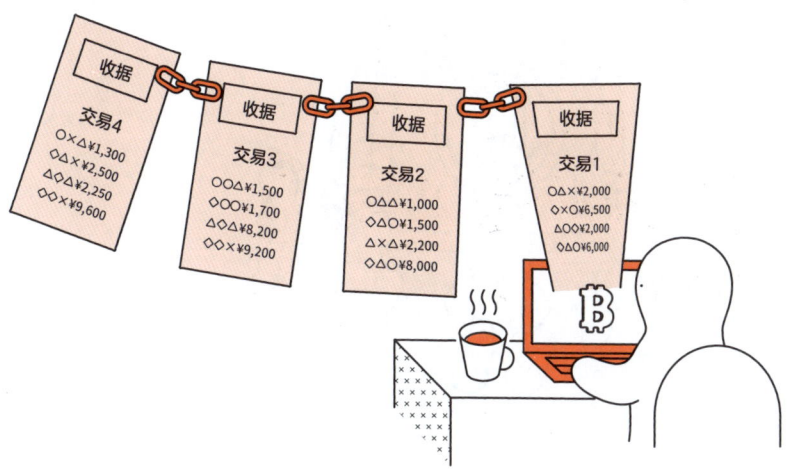

与术语相关的知识

与中心化的差异
法定货币的交易是中心化（中央集权型）的，因为权力集中在政府。在区块链中，依靠用户之间进行交易记录管理，因为没有特定的管理者，所以称为"去中心化"（非中央集权型）。

"挖矿"带来的报酬
"挖矿（Mining）"是为了生成"区块"而使用计算机执行所需的大量计算的过程。最早产生正确区块的人将得到相应的报酬奖励。

防止篡改的机制
如果稍微改动一点数据，则计算出的哈希值将发生变化，为此篡改者还需更改所有区块的哈希值，因此很难伪造信息。

术语用法示例

 "区块链还能用来记录虚拟货币以外的数据吗？"

相关术语

金融科技 ……P6　　虚拟货币 ……P8　　客户端服务器和P2P ……P47

7

虚拟货币

不受国家控制的加密货币

虚拟货币不是由特定国家管理,而是通过区块链等技术进行管理的货币。因为它是通过密码技术实现的,所以有时会使用加密货币(Cryptocurrency)一词。现已存在以比特币为首的众多虚拟货币,并被实际应用于支付和投资业务中。

与术语相关的知识

通过虚拟货币筹集资金
以发行虚拟货币的方式代替发行股票并吸引大众购买,这种筹资金的方式叫作ICO(Initial Coin Offering),是一种以促使货币价值的提高为目的而吸引投资的方法。

分布式计算
在多台计算机上同时进行计算,并通过网络进行信息联合的高速处理计算的结构被称为分布式计算。

亿万富翁的出现
通过股票、外汇等交易,在短时间内积累了庞大资产的人被称为"亿万富翁"。据说,由于虚拟货币的价格暴涨,很多人身家过亿。

术语用法示例
"好像有些人通过虚拟货币赚到了钱,但我还是有点担心啊!"

相关术语
金融科技……P6 区块链……P7

术语 008

无人机

可远程遥控的无人驾驶飞机

一种小型无人驾驶飞行器，由人类使用遥控器进行操作，也可根据设定的指令自主飞行。已经开发出各种尺寸的无人机以对应不同的环境，不仅有用于室内飞行的小型无人机，而且有用于派送快递的室外大型无人机。近年来，无人机也多用于空中摄影。为了适应人们的兴趣或工作需要，无人机已被广泛应用于各种场合。

第1章 熟悉新闻中的IT术语

与术语相关的知识

设立特殊的无人机区域

由于可能发生坠落等造成安全上的隐患，所以无人机在一些公共街道上被禁止使用，并且划分出部分特定准飞区，以供培训和研究之用。

军用无人机的出现

用于空中侦察和攻击用的军用无人机的研究开发一直在进行中，由于是无人驾驶，即使受到攻击，其损失也相对较小。

自动与自主的区别

"自动"情况下，比如自动驾驶，人或多或少也会参与和负责驾驶，但是在"自主"情况下，比如"自主飞行"，是飞行器或机器依靠自己搭载的智能系统来独立控制运动的。

术语用法示例

"使用无人机可以进行高空摄影和送货上门。"

相关术语

 ……P34

共享经济

与他人共享或交换利用物资

指的是与他人共享和使用财产（而不拥有财产）的行为或中介服务。通过使用互联网上提供的匹配服务和 App，可以轻松找到共享合作方。不仅有汽车、自行车、住宅等很早就有租赁服务，而且现在还扩展到服装、家具等更多的对象。

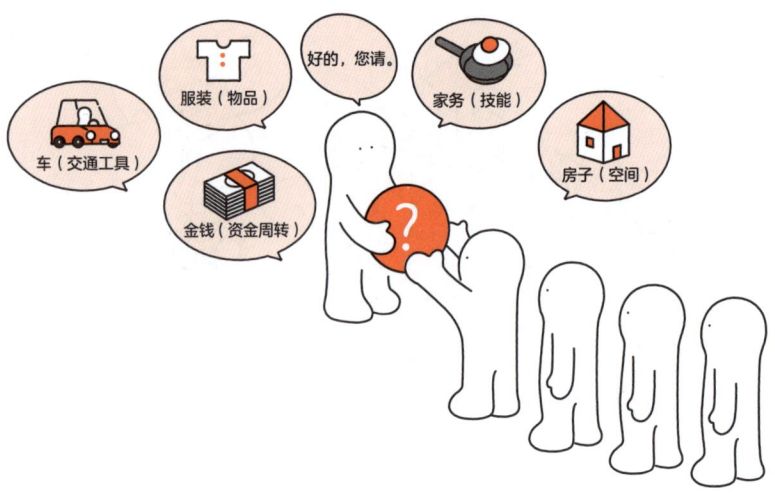

与术语相关的知识

民宿的普及
将个人拥有的普通住宅出租给旅行者住宿的服务被称为民宿，随着 Airbnb 等服务的出现，民宿迅速普及。

共享交通工具
前往同一目的地的人共同乘坐私家车、互相承担汽油费等行为被称为"拼车"，也包括对应的中介服务。

新价值观的一代人
2000年成年、步入社会的一代人被称为千禧一代。大家都说他们与之前一代人价值观不一样，与其他年代的人相比，他们对共享消费的热情更高。

术语用法示例
"如果共享经济普及了，那就方便多了。"

相关术语
匿名性……P181

术语 010

敏捷式开发和瀑布式开发

根据设计变更情况进行对应的开发

以规格变更为前提，将开发工序缩短，并即时反映反馈的开发方法被称为敏捷式开发。而如果满足了启动当初的规格就判断开发结束的开发方法称为瀑布式开发，适用于银行等大规模项目。

瀑布式开发

（您的土豆饼，久等了！）

敏捷式开发

与术语相关的知识

测试的重要性

在敏捷式开发中，经常使用在程序之前创建测试的测试驱动开发（Test-Driven Development, TDD）。其主要目的是最大限度地降低出现错误和无用代码的风险。

积极应对规格的变更

XP 是敏捷开发方法的一个代表案例。开发中为灵活应对变化，定义了5个价值（要点）和19个具体实践指导（实践方法）。

与看板方法的比较

许多工厂引进了看板管理方式，旨在"需要的时候只生产需要的东西"。它在消除浪费的目的上与敏捷式开发是共通的。

术语用法示例

"我曾经采用瀑布式开发，但接下来我将会采用敏捷式开发。"

相关术语

工时、人日、人月……P86　　WBS……P92　　Fix（固定规格）……P97

术语 011

奇点

AI超越人类

　　奇点是指随着人工智能技术的发展，AI获得了超越人类的智慧，给世界带来了很大的变化。人们认为它有一天会控制人类的生活，这一天通常被翻译为"技术奇点"。在雷·库兹韦尔（Ray Kurzweil）2005年发表的一篇论文中，提出了这个奇点将于2045年到来的预言，并成为一个热门话题。

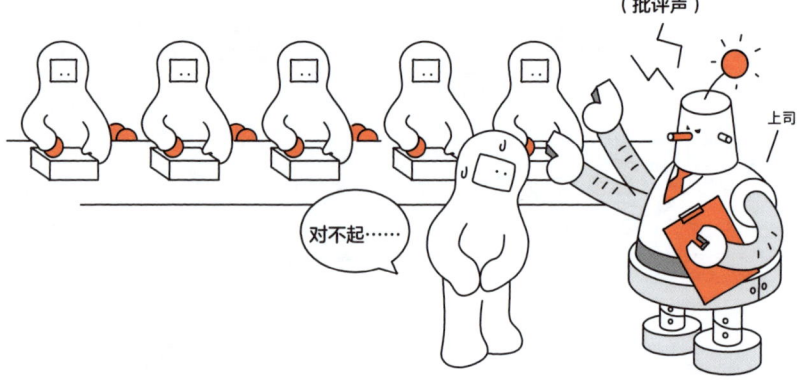

与术语相关的知识

以"强AI"为目标
　　"强AI"是指已经发展到与人类智能无法区分的程度的人工智能，那时计算机将能够自主地思考和行动，并拥有精神和自我意识。

目前的水平是"弱AI"
　　尚未实现真正意义上的独立思考，仅在需要解决具体问题和推理时做出类似人类行为的人工智能被称为"弱AI"，目前的人工智能还停留在这个水平。

加速回报定律
　　这个定律表明，技术不是线性进化的，而是多个发明结合在一起以指数方式进化的。据说它超过了摩尔定律，是更加贴近实际的一种定律。

术语用法示例
"如果有一天奇点（singularity）真的到来，我们还可能会被机器人训斥。"

相关术语
AI ······P2　　机器学习 ······P15　　深度学习 ······P16

VR、AR和MR

现实与虚拟世界的融合

VR 被称为"虚拟现实",不是指现实空间,而是指由数字创造的虚拟空间;AR 被称为"增强现实",将现实空间与数字创造的空间相结合;MR 被称为"混合现实",是指使现实世界和虚拟世界更加紧密地融合在一起的技术,是 AR 进一步发展的产物。

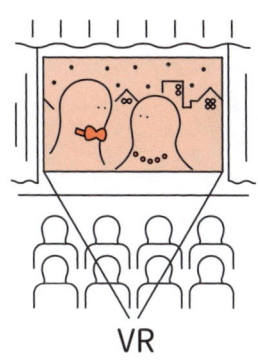
VR

AR

MR

与术语相关的知识

看电影的必要设备

为了观看 VR 影像,需要像 VR 眼镜一样的终端设备。不仅仅是使用智能手机的 VR 播放盒子,还会经常使用单独操作的头戴式耳机。

超流行的口袋妖怪 GO

有一款手机游戏,在该游戏中可以捕捉出现在现实世界画面上的怪物,名为"口袋妖怪 GO"。是一款使用智能手机的摄像功能与现实场景联动的 AR 游戏。

商业活动常用的 MR

微软公司开发的 HoloLens 是一种能够单独工作的头戴式显示器,通过透射与现实世界场景叠加来实现 MR。

术语用法示例

💬 "你可以用VR眼镜享受坐过山车的感觉。"

相关术语

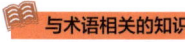……P25

长尾库存管理

卖不出去的商品也要确保库存

即使销售量较小的商品也要确保库存,以便日后在有销售机会时实现销售。通过在线商店销售,而不设立实体店,在土地价格低廉的地区设立巨大的仓库以存放品类繁多的商品,让顾客可以就近收到商品,从而增加销售量。可以说,这是与"只卖人气商品"的战略相反的战略。

与术语相关的知识

帕累托法则

帕累托法则(Pareto principle),也被称为80/20法则。指出"80%的销售额来自全部商品的20%",这是一个经验法则,指的是整体的大部分效益是由一小部分的要素产生的。

瞄准小众商品

一些小众商品虽然也有客户需求,但由于市场小,是大公司不太愿意投入的利基领域。所以利用长尾理论,可以发现众多竞争公司很难注意到的商机。

基于购买记录的分析很重要

对客户的购买历史进行分析,并向该客户推荐相应的产品称为推送。推送在找到满足客户需求的产品中发挥着重要作用。

术语用法示例

"从长尾战略上看,我认为也可以卖一下小众产品。"

相关术语

SCM ……P28　　EC ……P126

术语 014

机器学习

在没有人类参与教学的情况下自动学习

机器学习是用于人工智能研究的技术，是指即使人类不单独编写规则，计算机自身也能学习的方法的总称。使用一定数量的训练数据进行统计处理，推导出规则和判断标准等，常用于预测和分类。有"有监督学习""无监督学习""强化学习"等方法。

第 1 章 熟悉新闻中的 IT 术语

搭载了机器学习能力的机器人能自己变得越来越聪明哦

 与术语相关的知识

有监督学习

预先给出用于训练的输入数据的正确答案或错误答案，并与输入数据的处理结果进行比较，以此来提高处理精度的学习方法被称为有监督学习。

无监督学习

给出的训练用数据中不存在正确答案和错误答案，以提取数据所具有的结构和特征为目的的学习方法被称为无监督学习。

强化学习

通过对机器处理训练用数据的结果给予报酬，促使机器通过学习以获取更多报酬的方法被称为强化学习。

> **术语用法示例**
> "我们能不能用机器学习来进一步活用我们公司里的数据呢？"

相关术语

……P2　……P12　……P16

15

深度学习

第三次人工智能热潮的源动力

机器学习方法之一。过去，如果判断材料较多（层次较深的判断），处理起来将花费很多时间，并且无法获得良好的结果，但现在，由于能够准备大量的数据，而且计算机性能也不断提高，可以获得较高的正确率。因此，通过"神经网络"技术实现的更深层次的学习也被称为"深度学习"。

像河流一样，通过反复合流和分流来识别数据和图像

与术语相关的知识

神经网络

模仿人类大脑神经细胞的工作模式，计算给定判断材料（输入）的重要性，同时通过网络传输并学习以获得正确答案（输出）。

在围棋中战胜人类

谷歌公司开发了围棋程序"阿尔法狗（AlphaGo）"。使用神经网络的深度学习原理，反复与自己对弈而变得日益强大，最终以战胜人类职业棋手而闻名世界。

神经网络是如何学习的

在神经网络中，将输出值和正确答案之间的误差再次返回到输入位置，同时对其参数差异进行分析纠正，这种学习方法称为误差反向传播法。

术语用法示例

"最近好像在图像处理领域也使用了深度学习技术。"

相关术语

AI ……P2　奇点 ……P12　机器学习 ……P15

术语 016

POS

对门店销量的分析

　　POS 是一种在超市、便利店等从销售商品的阶段便开始收集商品名称、价格、数量、日期等信息并进行分析的机制。其目的是实时确认销售趋势、优化库存、防止缺货和减少未售出的物品，通过利用条形码等手段来减少和简化商品销售流程中的事务性工作，并降低店员的教育成本。

第 1 章　熟悉新闻中的 IT 术语

与术语相关的知识

决策支持工具（BI）
　　BI 工具是将企业拥有的数据进行提取、分析、加工等处理实现自动化，使职业经理以外的人也能借助该软件而实现企业的专业化经营。

基于购买历史的分析方法
　　从购买历史中，用 Recency（最近购买的）、Frequency（购买的频率）、Monetary（购买量）等指标进行分析的方法，具有代表性的是 RFM 分析法。

定位主力商品
　　在库存管理中，按照重要性从高到低，以 A、B、C 的顺序进行分类，通过分别制定管理顺序来进行有效管理的方法，这种"ABC 分析法"就是其中之一。

术语用法示例

 "有了 POS 信息，总公司也能即时地进行分析。"

相关术语

 ⋯⋯P28

17

术语 017

远程办公

不受时间和地点限制的工作方式

活用个人计算机和网络等,可以不受时间和场所的限制开展工作。实现随时随地工作,对于解决堵车、公交拥挤等城市独有的问题,以及人口老龄化导致的子女需要贴身照顾老人等家庭问题都是十分有效的。另一方面,也有人指出远程办公对员工的劳动时间管理上比较麻烦,或可能导致过长时间劳动以及考勤困难等问题。

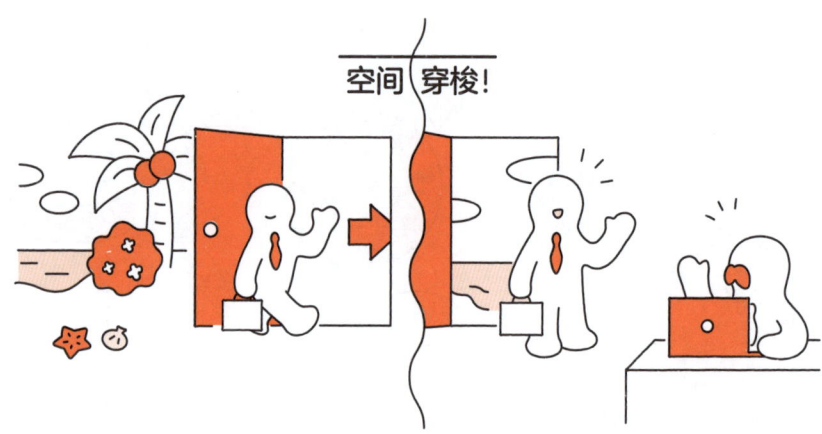

与术语相关的知识

建立"卫星办公室"

通过在远离总部的郊外设置小规模办公室,预计会达到缩短员工通勤时间和减少办公室租金的效果。

利用自家空间

在家里或小规模的办公室里,活用个人计算机和网络工作的方式被称为SOHO,该工作模式正在各种各样的行业中推广。

工作生活平衡观念的普及

过度专注于工作可能会导致抑郁症或过劳死,相反,工作时间太短则无法获得足够收入,为了解决这一矛盾,越来越多的工作者开始在工作和私人生活之间寻找平衡。

术语用法示例

"因为要带孩子,所以希望能创造一个可以远程办公的环境。"

相关术语

(VPN) ……P196 (瘦客户端(Thin Client)) ……P203

术语 018

BYOD

让员工的个人智能设备参与到工作中来

BYOD 是指公司不向员工提供工作专用的商务设备,而是利用员工个人的计算机、手机、平板电脑等开展工作业务。由于公司不再需要提供专用终端,因此可以降低成本。从员工角度讲,只需要一台终端即可兼顾个人生活与工作业务,且携带方便。但从另一方面来说也有泄露业务信息的风险。

第1章 熟悉新闻中的IT术语

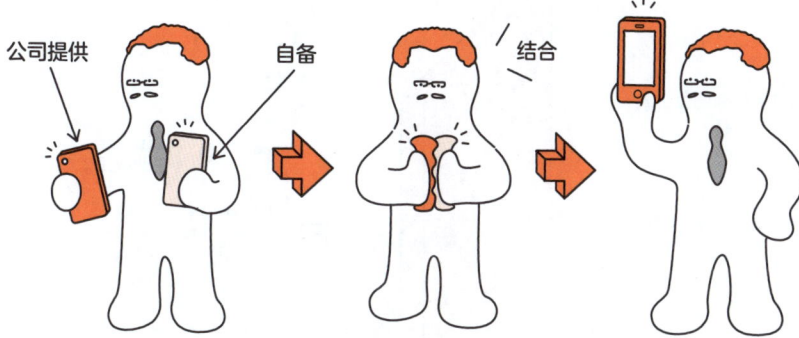

与术语相关的知识

移动设备管理

为了提高安全性,在实施 BYOD 时,公司必须对移动终端实现集中管理(MDM)。也有一些产品允许管理员远程锁定并掌握终端设备的当前位置。

降低成本

通过利用员工的终端,可以减少从安装到运营和管理的维护成本(运行成本),例如设备成本和每月通信费。

BYOD的普及

随着智能设备的普及,"自带设备办公(BYOD)"也开始流行。智能设备是可以连接网络的信息设备,有智能手机、平板电脑、数码家电等。

术语用法示例

💬 "如果是引进了BYOD的公司,在工作中也可以使用个人的智能手机。"

相关术语

影子IT ……P20

术语 019

影子IT

公司无法掌握员工的IT利用情况

"影子IT"是指为完成工作,跨过公司IT管理部门而直接使用互联网上的服务(如云服务)辅助工作的业务部门或个人。因为涉及员工可能随意使用企业信息系统部门无法掌握的软件和服务,存在信息泄露的风险,所以许多企业限制使用互联网上提供的服务。当然,仅通过条令禁止是不能从根本上解决问题的,因此公司方面应根据员工工作需要提供相应的服务。

信息系统部门负责人

一般使用者（企业员工）

与术语相关的知识

隐藏服务

很多公司禁止使用U盘,但是在互联网上共享文件的在线存储服务却经常被暗中使用。

快速终端会话分享工具

也有一些企业引进了可以实时收发文字、图像、声音等信息的聊天工具,并和邮箱系统一起使用,其优点是邮件的收发过程和打开情况变得一目了然。

内容过滤

它是指监视互联网用户的通信内容,并阻止访问不适当的或可能泄露信息的站点。

术语用法示例

"我们需要制定服务的使用规则,以防止影子IT。"

相关术语

RPA……P3 BYOD……P19

术语 020

QR码（二维码）

二维条形码的行业标准

由于普通条形码（一维码，如图书封底的 ISBN 码）仅通过垂直线的宽度来表达信息，可表达的数据量很小，而 QR 码（二维码）可通过二维的方式来表达更多的数据，甚至整篇文章。除了存储 URL，近年来还用于扫码付款，发挥着电子货币的作用。

第 1 章　熟悉新闻中的 IT 术语

与术语相关的知识

扫码支付

利用智能手机等在店面读取二维码，输入金额以进行支付的方法，其导入成本低廉，即使是小型店铺也能轻松接入这种电子支付业务。

二维码上的三个大正方形是什么

如果你留意二维码，会发现在正方形区域的四个角中的其中三个角的位置上各存在一个正方形方块，它的意义在于，智能终端扫描二维码时，通过这些标记以实现定位，让终端从任何方向和角度都能读取二维码。

有多种类型

二维码有多种类型，具体取决于要存储的信息量。根据信息量的大小，识别区域的每个白点和黑点的数量也不同，要存储的数据量越大，二维码的像素数量也就越大。

术语用法示例

> "在印刷品上印上二维码，可以用自己的智能手机访问。"

相关术语

URL 和 URI ……P111

21

术语 021

网络共享和漫游

使用智能手机通信线路

网络共享（Tesharing）是通过智能手机使用 PC 或平板电脑设备连接到互联网。可以使用无线局域网、USB 和蓝牙等连接到智能手机。漫游是指与其他通信公司合作进行通信。比如当你在海外（签约通信公司的服务区域外），但你的签约通信公司如果与当地运营商有服务协议，也可以在合作的其他运营商的服务区域中使用。

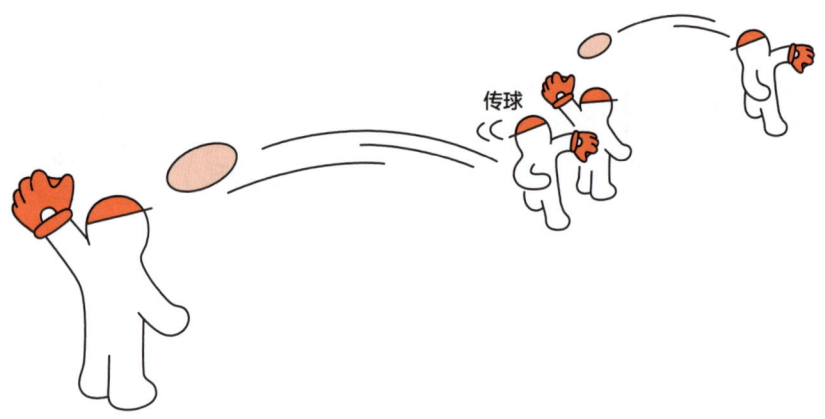

传球

 与术语相关的知识

移动路由器的普及

由于智能手机的定额通信量有上限，所以使用小型通信终端（移动路由器）的人越来越多。省去了传统路由器的安装工序，可以在多台 PC 和手机上使用。

无线局域网所需的设备

PC 等终端的无线 LAN 连接需要发送和接收信号的设备（接入点）。PC 等终端装有收发信号的无线 LAN 适配器。

可联机的蓝牙技术

近距离实现无线通信的技术之一。不仅可以连接键盘、鼠标等外围设备，还可以用于无线局域网等网络信号的传输。

术语用法示例

 "在国外，需要用有漫游功能的智能手机才能上网。"

相关术语

ISP（互联网服务提供商）……P186

术语 022

尽力服务（Best Effort）

通信线路合同必备

原则上经营者会努力为用户提供最好的服务。当电信运营商说"尽力而为"时，表示"实际上无法保证标注的速度，但我们会努力做到这一点"。由于通信速度随着计算机和中继设备的性能、设置以及同时使用的单元数等而变化，因此很少能获得标注的速度。

与术语相关的知识

ADSL 导致的速度降低

ADSL 是使用电话线连接互联网的方法。其特点是发送和接收的通信速度不同。随着线路距离的增加，通信速度会降低。

尽力服务的反义词

反义词是"保证服务"（极力保证合同中的速度）。也有为了避免因集中访问而导致速度下降来为用户架设专用线路的企业。

通信线路的"最后一公里"

从通信运营商到用户建筑物的线路区段的最后一段被称为"最后一公里"。根据建筑物的构造和位置，有时也存在信息电缆无法拉入建筑物内的情况。

术语用法示例

"因为是'尽力而为服务'，所以速度没有想象中的那么快。"

相关术语

（ADSL 和光纤）……P41　（ISP（互联网服务提供商）……P186

术语 023

流媒体

可以一边下载一边播放

"流媒体"技术主要是指视频和音频一边从网上下载,一边播放的技术。通过在下载途中播放数据,可以减少用户观看之前的等待时间。并且由于是非脱机的在线播放,音视频数据将难以复制,因此版权管理变得更容易。但是存在因通信速度和线路质量导致音视频在下载和播放时中断的问题。

与术语相关的知识

DRM 版权保护

网络上下载的视频和音频可能被随意复制,这给版权保护带来了很大困难。DRM 版权保护是 DRM 数字版权保护技术(Digital-Rights Management)的简称,是一种"复制后则无法播放"的技术。

即时串流协议

是一种网络应用协议,专用于娱乐和通信系统,以控制流媒体服务器。比如你在用照相机拍摄影像的同时,任何人都可以实时地通过互联网浏览或转发,常用于明星直播、研讨会的转播服务等。

播客(Podcast)

一种在互联网上传送声音或视频的方法。当主播上传或公开新节目时,订阅和注册节目的收听者可以自动获取新节目。

术语用法示例

"流媒体电影需要高速的网络线路。"

相关术语

ADSL 和光纤 ······P41 CDN ······P164

24

术语 024

可穿戴设备

穿在身上的设备终端

可穿戴设备不像智能手机那样随身携带，而是直接穿戴在衣服或手臂上使用的设备终端。通过佩戴这样的手表或眼镜等终端，可以获取血压和心率等生理信息，还可以通过振动等功能让你不会错过手机的来电等。期待今后的普及。

与术语相关的知识

可通知信息的智能手表

智能手表是除了时钟功能，还具备通信、支付、计步器等功能的手表，在小型显示屏上还可以显示邮件、通知等，同类的智能终端也正在被大量普及。

基于传感器实现的生物监测功能

智能手表和其他同类设备已经配备了可以轻松获取对健康管理有用的数据的功能，例如测量步幅、心率、血压和睡眠时间等。

备受瞩目的眼镜式终端

与智能手机等联动，具备AR等功能的"智能眼镜"逐渐被开发出来。人们期待重量更轻、设计性更好的设备。

术语用法示例

"如果是可穿戴的设备，就不用担心忘在家里了，使用起来很放心。"

相关术语

IoT ……P4　　VR、AR 和 MR ……P13

第 1 章　熟悉新闻中的 IT 术语

25

术语 025

数据中心

专门用于数据管理的建筑物

　　数据中心是指容纳很多服务器和网络设备等，专门用于管理和运用数据的建筑物。其特征是热效率高、节能。为了应对地震等灾害，通过电源、网络存储的双重化等确保数据安全，很多企业在使用。除了托管和租赁等，最近"云数据中心"的运行方式逐渐成为主流。

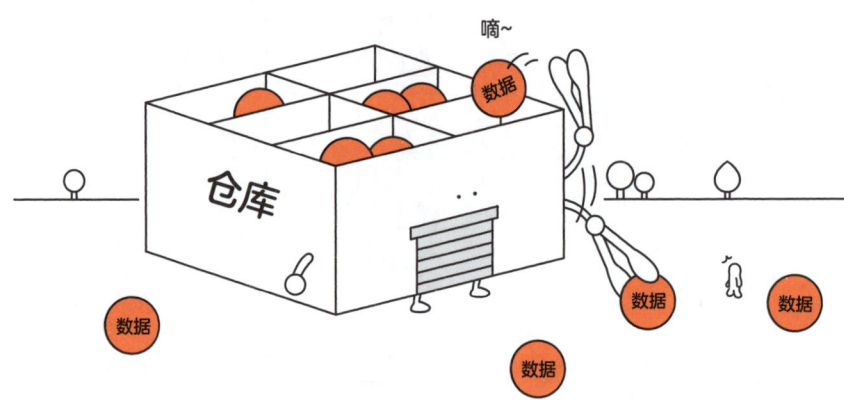

与术语相关的知识

致力于"绿色IT"

　　为了保护地球环境与节约空间，在人迹稀少地区，比如寒冷地区设置数据中心，并在空调设备上下功夫，改变服务器的构成等以实现对环境和空间的影响最小化。

服务器托管

　　服务器托管是一种使用数据中心运营商准备的服务器（例如租赁服务器）并将其管理和操作委托给运营商的方法。

服务器空间租赁

　　借用数据中心运营商的空间，安装自己公司准备的服务器的方法被称为空间租赁。在这种模式下，服务器的管理和运用基本上由自己公司来完成。

术语用法示例

💬 "我去了一个数据中心，那里有很多并排的计算机，非常壮观。"

相关术语

中央处理机……P33　　不间断电源设备（UPS）……P211　　刀片式PC……P212

术语 026

虚拟化

把没有的东西假装成有（无中生有）

通过软件以伪装方式实现 CPU、存储器、磁盘、网络等。可以将一个硬件伪装成多个硬件，或者将多个硬件伪装成一个硬件。例如，使用虚拟机，可以在一台计算机上使用多台计算机和操作系统，所以我们可以在 macOS 上运行 Windows 7 和 Windows 10。

第 1 章 熟悉新闻中的 IT 术语

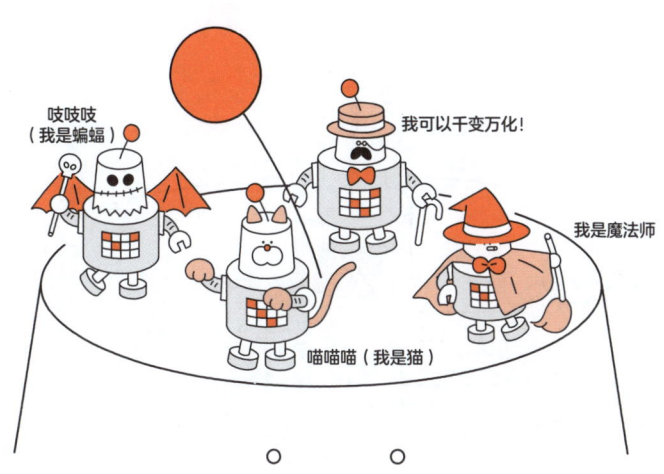

与术语相关的知识

虚拟磁盘

虚拟磁盘是将硬盘、CD 等虚拟化，保存在被称为映像文件的文件中，让电脑就像真实插入了磁盘一样进行数据处理。

虚拟内存

虚拟内存是一种不受物理内存容量限制的内存机制。通过虚拟地使用诸如硬盘的存储设备，可以将其作为大容量存储器来处理。

虚拟网络

通过虚拟化路由器和交换机等硬件，虚拟网络可以大大减少维护、操作和管理网络的劳动力和成本。

术语用法示例

"虚拟化服务器可以为你腾出更多空间。"

相关术语

物理 ×× 和逻辑 ×× ……P78　　虚拟机 ……P213　　虚拟内存 ……P214

术语 027

SCM

跨公司的物流综合管理

SCM 供应链管理是一种集成的管理思想和方法,它执行供应链中从供应商到最终用户的物流的计划和控制等职能。SCM 不再追求在个别企业内部优化物品流动和资金管理,而是在多个企业中考虑整体优化、进行综合管理的理念,尤其适合对制造业进行管理。对于制造业而言,如果其中某些企业的任意环节出现问题,则在制造和销售产品之前的所有环节都将产生重大影响。

与术语相关的知识

RFID 管理系统正在发展

RFID 是一种在产品上嵌入 ID 信息的标签,并支持从近距离读取的管理方法。不需要像条形码那样逐一读取代码,可以高效地进行资产跟踪和盘点管理。

集中管理信息的 ERP 系统

ERP 是一种有效管理企业经营所需资源(人、物、钱、信息等)的系统,最近多指基本信息管理系统。

缩短交付周期

从订购商品到交货所需的时间被称为交付周期,为了缩短这一时间,各地建立了大规模的物流中心等作为对策。

术语用法示例

"使用SCM管理系统,可以更精确地管理库存,从而降低成本。"

相关术语

长尾库存管理……P14　POS……P17

系统集成商

从构建到运行一条龙承包

指对企业所需使用的整个 IT 系统进行企划、设计、开发、运行服务等操作的公司，简称为 SIer（System Integrator）。从大公司到分包商，企业规模可大可小。各家公司根据公司成立的背景（比如现公司是原来附属于母公司的信息系统部门，后被分割独立而成）等都有自己擅长的领域，如面向制造商型、面向用户型、独立型等。

与术语相关的知识

被视为"问题"的分包结构

目前常见的分包行业结构是大型的 SIer 负责定义和设计要求，分包的中小型 SIer 负责封装，分包的小型 SIer 负责测试。

上游工程中的必要条件定义

在开发系统或软件之前，需要对将要实现的功能和所需性能进行明确指定，确保用户和开发者之间的理解没有差异。

项目管理至关重要

为了完成一系列的开发工作，对质量、成本、交货期等进行管理，称为项目管理。在优化人员的配置和日程安排上，项目管理至关重要。

术语用法示例

> "公司内部开发不了，就委托系统集成商吧。"

相关术语

离岸……P35　项目管理……P91　SES……P94　RFP（需求建议书）……P123

术语 029

内部控制

检查组织的运作是否正常

它是指一种系统,该系统会确认该组织正在进行的业务是否正确,它的目的包括"业务活动的有效性和效率""财务报告的可靠性""遵守与业务活动有关的法律法规""资产保护"。由于其实现要素包含"对IT的应对",所以对于负责人来说,进行IT系统的维护和管理也是必不可少的业务。

盯着~

与术语相关的知识

与日本版SOX法案的关联

有一项法律(日本版SOX法)要求对财务报告的内部控制进行评价和报告。有防止企业做假账的作用。

"必备三件套"

利用"流程图""业务描述""风险控制矩阵"这三种资料通过IT推进内部控制。

与内部审计的差异

在企业等组织内部,以独立的管理体制对业务内容进行检查称为内部审计,主要指以经营管理为目的,对业务和会计进行的审计。

术语用法示例

"我们必须了解内部控制的目的,并执行正确操作和报告。"

相关术语

验证和授权 ……P187　系统监控和安全监控 ……P202

术语 030

通用设计
(Universal Design)

旨在提供任何人都可以使用的设计

在考虑使用方便性的时候,该设计旨在使每个人都易于使用,无论其文化、语言、年龄、性别、是否有残障等。不仅体现在自动门、多功能厕所等有形的设计,而且体现在传达信息的标记等无形的设计。

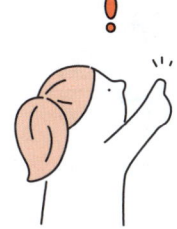

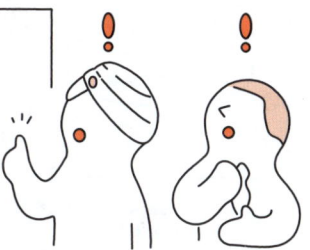

与术语相关的知识

与"无障碍模式"的区别

"无障碍模式"是在产品设计上有意地从物理上规避因用户身体上的障碍带来的不便,或通过人性化设计给予用户精神上的支持,以减少残障人士和老年人在使用过程中的不便。

与"可访问性(Accessibility)"的区别

"可访问性(Accessibility)"是更侧重于残障人士的理念,而通用设计的宗旨在于让近乎所有的人使用起来更便利。

通用设计七原则

通用设计提倡七个原则,如"任何人都可以公平使用""可以灵活地使用""使用起来简单直观"等。

术语用法示例

💬 "身边通用设计的商品越来越多了。"

相关术语

可访问性(Accessibility)……P99 可用性 Usability……P100

术语 031

开放数据

任何人都可以自由使用的数据

以政府和地方政府等为中心,并以可自由使用的形式公开保存的数据。这些数据不受版权、专利等限制并免费公开,其宗旨是确保公共利益。虽然二进制格式的数据难以使用,但它是通过以 CSV 或 XML 等格式公开的,用户可以很容易地利用该数据来制作应用程序。

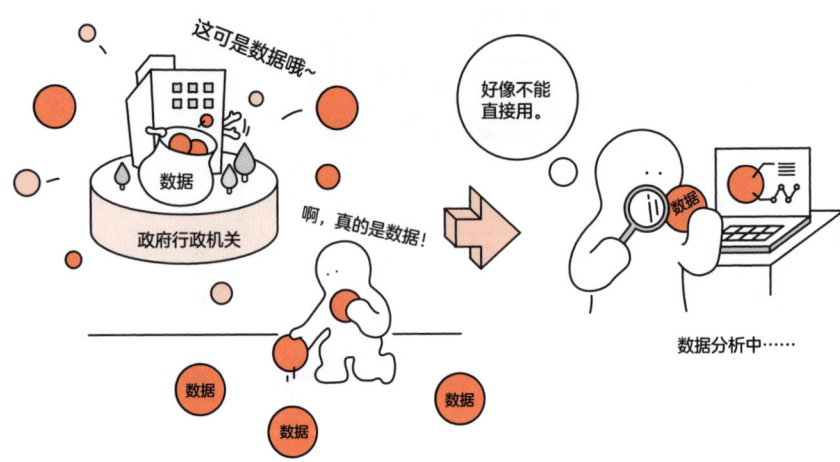

与术语相关的知识

所发布的数据格式

为了使计算机能够理解数据的意义,将数据附加 HTML 标签并配有链接的形式发布,这称为 LOD。通过链接可以共享数据信息。

CSV 格式

为了表现表格形式的数据,常使用以逗号分隔的文本数据的 CSV 格式,它表达数据不需要 Excel 等专用软件,但其功能有限,比如不能装饰字符等。

用"标记"表示的格式

XML 一般指可扩展标记语言,用于标记电子文件使其具有结构性的标记并附加意义的文件格式。用于描述网页的 HTML,也可以说是 XML 的一部分。

术语用法示例

💬 "用地方政府的开放数据来分析一下怎么样?"

相关术语

大数据……P5 数据挖掘和数据科学……P38 糅合(Mashup)……P156

术语 032

中央处理机
用于关键系统的大型计算机

大企业的基础业务中使用的大型计算机被称为"通用机""主机"等。它由高性能的硬件组成,其优点是可靠性高、安全性有保障,所以现在也主要应用于金融机构等。其缺点是大多配备的是专用操作系统,且硬件兼容性可能会导致其难以向其他公司迁移等。

第1章 熟悉新闻中的IT术语

与术语相关的知识

旧版迁移(Legacy Migration)
把基于中央处理机主框架开发的系统、软件替换为Linux等开放系统,这种转换工作叫作旧版迁移(Legacy Migration)。

今天仍在使用COBOL
在大型机上的系统开发中经常使用COBOL这一编程语言。它的描述方法接近英语,擅长表格和界面编辑等事务工作。

小型化(Downsizing)
减少设备的安装空间,以更便宜的设备代替大型机以降低运行和维护成本的工作被称为小型化。

术语用法示例

"在银行,还仍然留有很多的中央处理机。"

相关术语

数据中心……P26　　旧版迁移(Legacy Migration)……P122

术语 033

GPS

可以获取位置信息

GPS 是导航系统和智能手机使用来自卫星的无线电信号来获取位置信息的机制，通过与多个卫星通信的信号到达时间来识别接收器的位置，现在不仅支持国外的卫星，我国的卫星也可以实现这一功能。使用信号到达时间差（TDOA）的定位技术，能在一定程度上改善定位精度，且有时间校准的功能。

与术语相关的知识

日本版GPS定位系统的历史

2017年，日本种子岛宇宙中心成功使用H2A火箭发射了"引路"4号准天顶卫星，这意味着日本已初步建立由4颗卫星组成的定位系统。从2018年11月开始以4机体制投入使用。

通过Wi-Fi定位

通过使用无线LAN的接入点，可以根据无线电波的强度衰减情况等信息来计算出你所在的位置信息。并且，即使你在GPS的无线电波覆盖范围以外的位置也可以使用该定位功能。

超声波定位

还有一种方法是，人耳听不到的超声波通过店铺等设置的机器发出，再通过智能手机等麦克风接收，以此来对想去的店铺精准定位，适合设置在商业街等地。

术语用法示例

 "现在GPS的精度这么高了，我们只要有智能手机就不会迷路了。"

相关术语

无人机 ……P9　　奇点 ……P12　　机器学习 ……P15

34

术语 034

离岸

将据点转移到海外

"离岸"的概念考虑人工费用等，将开发或生产基地转移到海外或在海外设置据点，在人工费更低的海外国家完成工作。在系统开发等方面，通常通过转移到东南亚和印度等国家来完成工作以实现降低成本的目标。与人口正在负增长的某些发达国家相比，它具有人力资源的优势，并且可以利用时差优势进行发展，但是需要克服语言交流障碍的问题。

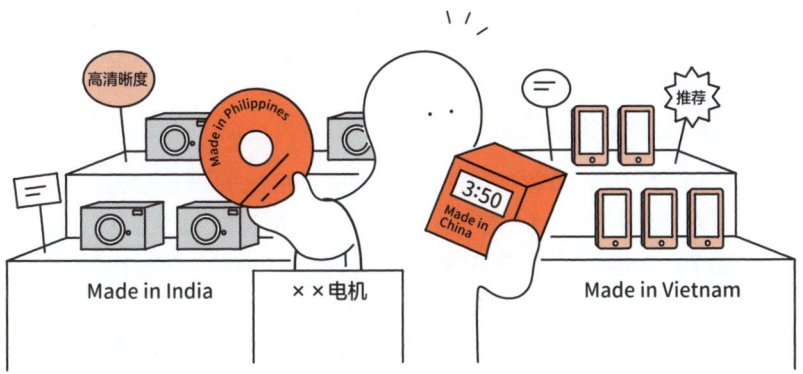

与术语相关的知识

众包

它是由群众（Crowd）和业务委托（Sourcing）组合而成的新词，指的是将业务委托给不特定的多个人，而不是委托给特定的企业。

"避税天堂"

"避税天堂"是指为吸引外国资本流入，对外资企业以很低的税率征收税款或完全免征税款的国家或地区。在这些国家和地区，可以减少纳税额。有时也会被富裕阶层用于逃税，表面上是离岸，但有时也容易出现问题。

BPO（外包）

BPO 是 Business-Process Outsourcing 的缩写，也称为"外包"，是指将原本在公司内部进行的业务委托给公司外的特定企业，以提高效率。

术语用法示例

"能否委托东南亚进行离岸开发降低成本？"

相关术语

系统集成商……P29　项目管理……P91

补充

结合"记忆"学术语

虽然现在 IT 行业的发展日新月异，不断有新词和热词出现，但是你可能会发现，有些词语虽然是第一次听到，但直觉上会让人联想到过去的某些词语。当你听到新词时，不妨回想一下，与过去存在过的版本进行一番比较。

例如，最近经常听到 RPA 一词。当我听到这样的词时，我往往会产生"这和 Excel 的'宏'是否有关系？"或者"这与以前的自动化程序有什么异同？"的念头。像这样，去和以前听过或见过的词汇进行比较的同时，新词的意义往往会更明朗，这个办法便于你理解和记忆新词。

从技术上了解术语

实际上，比较起来你会发现，很多的新词和热词，其在背景技术上和过去相比并没有太大的变化。比如最近如日中天的"深度学习"，是以前作为"神经网络"研究开发的一个方向而火起来的，SNS 上使用的技术用语也和我们都熟练掌握的很多社交平台中出现的类似。

不过，心里一定要明白，有很多用了许多年的术语，其背景技术其实在不断变化，甚至与最早出现这个术语时已经有了天壤之别。比如用于连接互联网等的无线技术，虽然在使用方式和便利程度上几乎没有变化，但其速度已经有了质的飞跃。而 CPU 还是当年的这个术语，字母一个也没有改变，但它的实现方法发生了很大的变化，不仅是速度在飙升，而且核心也正在迭代，甚至开发了更多的核心共同并行执行的多核系统。硬盘还是叫"硬盘"，但容量越来越大，且越来越多传统的机械硬盘被固态硬盘取代。

由于技术在用户看不见的地方发生着变化，所以现在以及将来在对话中即使使用了和曾经一样的术语，我们也会感觉不对劲。我们要跟上时代，不仅仅是靠经常接触最新的热词和术语，也要留意这些热词和术语所依靠的背景和技术是否已经或将要发生变化。

第 2 章

配套学习IT术语

术语 035～079

术语 035

数据挖掘和数据科学

从大量数据中发现新知识

数据挖掘（Mining）是基于大量的数据分析来发现之前没有注意到的规律、关联性等。活用数学、统计学、程序设计等获得对商务有用的知识和见解，也称为"数据科学"。

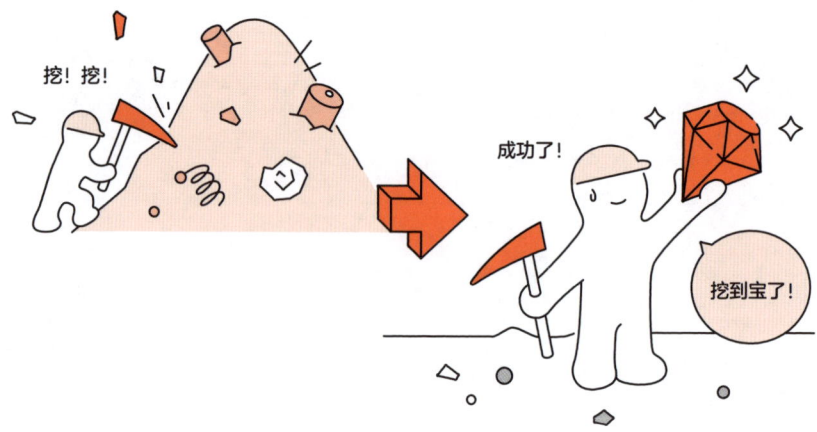

与术语相关的知识

文本挖掘

以大量文章为对象的数据挖掘被称为文本挖掘，通过分析单词的出现频率和相关关系等，提取有用的信息。

整理数据的必要性

数据挖掘需要大量整理好的数据。从多个系统中收集并按时间顺序存储积累数据的系统称为"数据仓库（Data warehouse）"。

客户数据管理和分析

CRM是一种旨在通过累积和分析大量客户信息来达到留住客户的目标的工具。另外，还有用来分析销售额以协助经营管理的BI工具。

术语用法示例

💬 "学习数据挖掘也需要数据科学的知识吗？"

相关术语

大数据 ……P5　　开放数据 ……P32

术语 036

因特网和内联网

连接多台计算机和组织

与连接多台计算机而形成的网络相比,将多个网络连接到世界各地的网络称为因特网(编辑注,因特网有时也被泛称为互联网。因特网(Internet)是互联网(internet)的一种,特指由TCP/IP协议构建的互联网)。另外,内联网(Intranet)是一种使用因特网技术建立的计算机网络,该网络仅在企业和学校等组织内部使用(编辑注,内联网也称为内部网或内网)。

与术语相关的知识

因特网的起源
阿帕网(ARPANET)是美国国防部从20世纪60年代开始研究和利用的军事网络,业界认为它就是因特网的起源。

内联网的高级版本
不同单位间为了频繁交换业务信息(会议、收货、订货等),将多个内联网相互连接构建的专用网络通道称为外联网(Extranet)。可理解为内联网的高级版本。

URL中WWW的含义
在因特网上使用Web浏览器进行阅览的结构被称为World Wide Web(万维网)。它把Internet上现有资源统统连接起来,使用户能在Internet上共享用HTML等语言书写的文档等文本媒体资源。

术语用法示例

"我一直以为这是因特网,但这其实是公司的内部网,对吗?"

相关术语

WAN和LAN ……P42　　网域和网段 ……P53　　ISP(互联网服务提供商) ……P186

分组交换和电路交换

实现稳定的通信

像电话线一样,从通信开始到通信结束,都只能靠一条线路进行通信的方式称为电路交换。当有人正在使用该线路时,其他人就不能使用该线路。另一方面,将收发的数据细分为数据包的单位,一个一个地发送的方法称为数据包通信,也叫分组交换(编辑注,也称为分组通信)。通过这种细分,实现了多人同时通信。

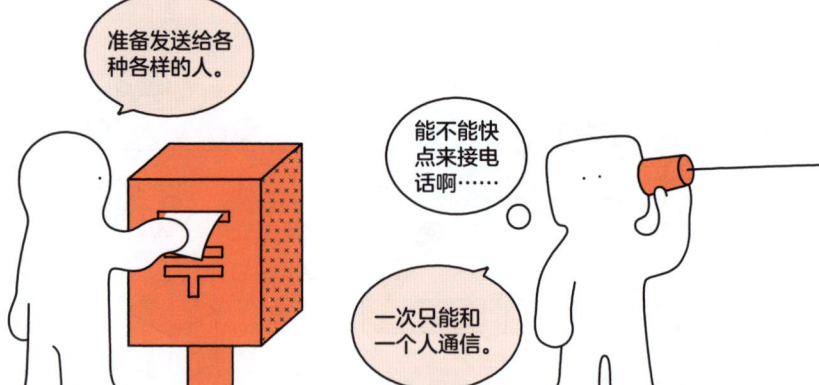

与术语相关的知识

线路速度单位

表示网络上每秒数据传输量的单位是bps,值越大意味着通信速度越快。从实际意义上说,它不仅代表传输速度,而且代表传输效率。

PPPoE

最初,PPPoE是通过电话线连接互联网的机制,现在办公室和家里使用LAN连接网络的协议也被称为PPPoE,但已经不再依赖电话线连接了。

下一代的连接方式

IPoE是以与LAN相同的方法连接到互联网的标准,如果你已经有了PPPoE服务,则不再需要准备路由器等通信设备,就可以实现高速连接。

术语用法示例

"灾害发生时,即使电话不通也能收到邮件,这是因为数据包通信吗?"

相关术语

分组(Packet)和帧(Frame) ⋯⋯P51

术语 038

ADSL和光纤

高速网络

ADSL 是一种使用电话线的数字通信服务,它具有上行和下行的通信速度不同的特征。由于电话线路在农村地区也广泛铺设,所以可以低成本且广泛地推广,但是随着与电话局的距离变长,信号衰减而导致通信速度会降低。现在,价格更高但能高速通信且即使长距离通信信号也不会衰减的光纤方式正在取代传统的 ADSL 的电话线方式。

第 2 章 配套学习 IT 术语

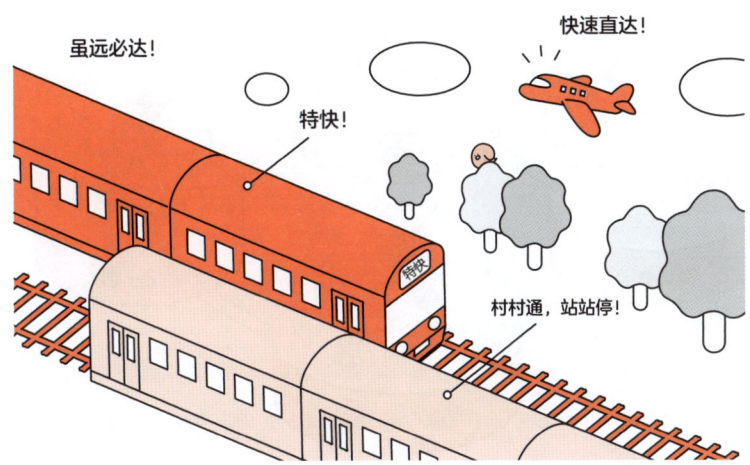

与术语相关的知识

转换电信号的调制解调器

在使用电话线路连接网络时,将计算机信号和电话线路信号相互转换的设备就是调制解调器。在 ADSL 等情况下需要使用调制解调器。

光纤所需的 ONU

光纤上网时需要用到计算机信号与光线路信号转换的设备,并且要安装与电话线上网用的调制解调器类似的 ONU 设备(光线路终端设备)。

家庭 FTTH

光纤到户(Fiber To The Home,FTTH)是一种光纤通信的传输服务。具体来说,FTTH 是指将光网络单元安装在用户建筑内的接口上。与 ADSL 相比,可以更稳定、更高速地进行通信,因此最近加入 FTTH 的家庭和企业越来越多。

术语用法示例

"既然你对 ADSL 网络的速度不满意,为什么不换成光纤网络呢?"

相关术语

尽力服务(Best Effort)……P23 流媒体……P24

41

WAN和LAN

表示网络范围

在自家或办公室等同一建筑物中使用的内部网称为LAN（局域网）。与其相对的另一种网络，同一个公司的北京分公司和上海分公司之间的远距离通信、跨区域使用的网络被称为WAN（广域网），它们使用电信运营商提供的网络。互联网就是WAN的一种。

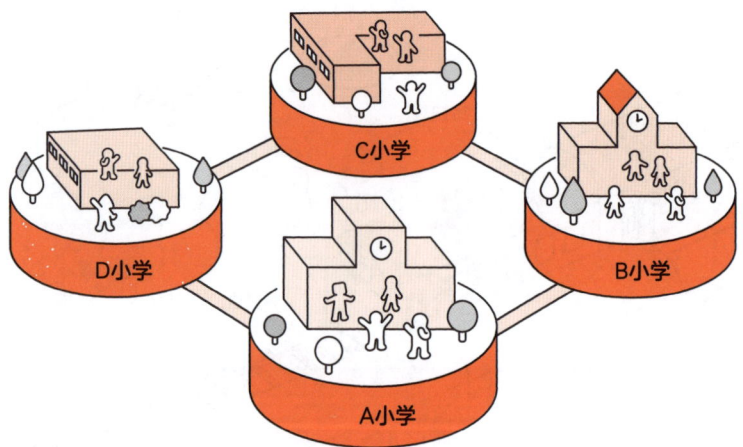

 与术语相关的知识

有线和无线网络

越来越多的家庭在选用LAN时，不再拘泥于电缆通信的有线模式，而更多的是选择使用空间传送电波通信的无线网络。

"降噪电缆"

在家里建立有线网络时，使用了称为双绞线的电缆，其中两根线绞在一起以使其不易受到外部信号杂波的影响。

基站站点间通信专用线

当企业等连接公司的多个基地时，通过使用专门按照客户需求安装的线路来确保通信内容的安全性和通信速度。

术语用法示例

 "我家有很多电脑，都是通过局域网连接的。"

相关术语

因特网和内联网……P39　　NAT和NAPT……P50

术语 040

协议和OSI参考模型

通信口令

为了使连接到网络的终端彼此成功通信，需要通信口令，即协议。OSI参考模型将协议的基本规则分为七个层次。互联网使用TCP/IP协议，该协议分为四层。

第2章 配套学习IT术语

 与术语相关的知识

分层的好处
通过在每个层中分配处理的任务，不仅可以简化各自的处理内容，而且应用程序可以根据通信的内容来选择协议的组合。

TCP/IP的特征
使用TCP和IP等协议的构成统称为TCP/IP，通过在4个阶层分担角色，可以有效地提高效率，可以说是很切合实际的做法。

IP数据包中继
当连接多个网络时，IP是规定网络之间通信方法的协议，如路由选择和分组划分或重构。

术语用法示例

"OSI参考模型的理论是理想的，但现实中施行的协议可能是TCP/IP。"

相关术语

IP地址和端口号……P44　　TCP和UDP……P48　　SMTP、POP和IMAP……P75

术语 041

IP地址和端口号

网络位置的编码

IP 地址会被分配给每台联网的计算机,以标识连接到网络的计算机的网络位置。当一台计算机上运行多个服务(如 Web 服务和邮件服务)时,会为每个服务分配一个端口号,以便识别并连接到要使用的服务。

与术语相关的知识

IPv4地址
它是为了区分计算机而分配的32位值,通常以十进制表示,例如192.168.1.2,以8位进行分隔。

IPv6地址
为解决 IPv4 分配地址不足的问题而创建的128位值,比如 2001: 0:9d38:6ab8:3457: 7bbbbb: 8897: a7。

知名端口(Well-Known Port)
由互联网名称与数字地址分配机构预留给传输控制协议和用户数据包协议使用的端口号,端口号0到1023保留供众所周知的服务使用,例如Web 服务器的端口号为80,邮件服务器的端口号为25。

> 术语用法示例
> "如果不能连接到互联网,请确认IP地址是否正确。"

相关术语
域名和DNS ……P45　　TCP 和 UDP ……P48　　NAT 和 NAPT ……P50

术语 042

域名和DNS

用来给计算机命名

在收发电子邮件和浏览网站时,我们将服务器所在的网络(区域)命名为域名,以便我们可以轻松记住它在 Internet 上的位置(例如 sina.com.cn)。DNS 是一种将域名(地址)与 IP 地址(位置)相关联的机制,从域名中查找 IP 地址称为域名解析。

与术语相关的知识

以"."分隔的层结构

域名就是像 sina.com.cn 这样用"."划分的阶层结构,cn 表示中国,sina 表示公司等,从右侧开始依次向下延伸。

域名解析服务器

通过 DNS 进行名称解析的服务器被称为域名解析服务器,它管理域名和 IP 地址的对应关系,并返回与访问者输入的域名相对应的 IP 地址。

计算机名称

在连接到网络的 PC、服务器、网络设备等中设置不重复的、方便记忆的主机名,称为计算机名称。

术语用法示例

"如果你要提供新的服务,你必须考虑一个通俗易懂的域名。"

相关术语

IP 地址和端口号……P44　　网域和网段……P53　　URL 和 URI……P111　　缓存……P117

术语 043

路由器和交换机

确定网络路径必不可少的设备

构建网络时使用的中继设备,根据其功能被分别称为路由器、交换机、集线器等。路由器在 OSI 参考模型的网络层中执行处理,并管理连接不同网络的路由。交换机又称为交换集线器,在数据链路层执行处理,连接处于同一网络的终端。

与术语相关的知识

路由协议

路由协议是一种指定数据包传送方式的网上协议。在确定网络路由时,使用 RIP、OSPF 和 BCP 等协议来查找可以尽快通信的路由。

物理层中继设备

在 OSI 参考模型的物理层工作的设备有集线器和中继器,当传输距离变长时,作为网络的中继器,具有放大发射信号的作用。

网络层中继设备

在 OSI 参考模型的网络层工作的交换机,称为 L3 交换机。大多数 L3 交换机用硬件处理,而路由器用软件处理。

术语用法示例

💬 "难道我必须买个路由器才能上网吗?"

相关术语

(IP 地址和端口号)……P44　(DHCP 和默认网关)……P49

客户端、服务器和P2P

计算机共享

用于收集信息的计算机称为客户端,而提供信息的计算机称为服务器。多个客户端连接到一台服务器的结构就是大家熟知的客户端和服务器的 C/S 结构(Client/Server 结构),而每台计算机之间的直接连接称为 P2P(Peer-to-Peer)。

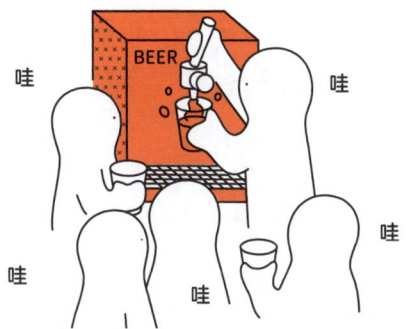
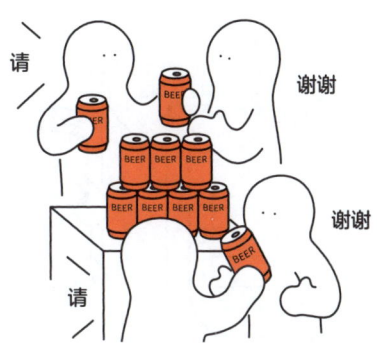

与术语相关的知识

计算机共享的好处

计算机共享的优点在于多个客户端不仅可以共享服务器中的数据,而且可以通过共享处理来减小分化服务器负载。

"胖客户端"的登场

不仅在 Web 浏览器显示 HTML,而且搭载了高级专用应用程序和扩展功能的客户端被称为胖客户端。

文件共享软件P2P

有很多P2P技术的文件共享软件,比如 Winny 就很有名。用于在互联网上与不特定的多数人交换文件和文件共享等。

术语用法示例

"我们公司还在使用旧的客户端服务器系统。"

相关术语

代理服务器……P115　租赁服务器……P143　CDN……P164

TCP和UDP

提供通信所需的可靠性和速度

TCP 是一种协议，用于处理重复、顺序错误、未送达问题等，并在出现问题时重新发送，以防止由于网络上的通信拥塞而导致数据无法正确地到达另一方。如果你对收发信息的到达情况有信心，则不需要这样的处理，特别是仅追求网络速度时，可选用 UDP。

与术语相关的知识

数据包通信所需的管理

就像道路上的交通拥堵一样，短时间传输大量数据造成网速延迟的状态被称为"网络拥塞"，而避免或从这种阻塞中恢复的处理被称为"拥塞管理"。

"三次握手"

分三个阶段交换"SYN（可以听到吗？）"和"ACK（可以听到。）"的数据包以检查对方是否可以通信的过程称为"三次握手（三向握手）"。

基于UDP的VoIP

VoIP是一种通过网络实时发送声音的技术，被用于IP电话等。使用延迟较少的UDP，以便于实时对话的网速流畅。

术语用法示例

"当你在互联网上看视频时，往往都是通过UDP协议连接的，以确保视频流畅。"

相关术语

协议和 OSI 参考模型……P43　　IP 地址和端口号……P44

术语 046

DHCP和默认网关

将计算机连接到网络

DHCP 是用于将 IP 地址自动提供给连接到网络中的计算机的协议，而默认网关存在于所连接的网络和外部网络之间的入口和出口的设备中。计算机和默认网关的 IP 地址很容易找到。

第 2 章　配套学习 IT 术语

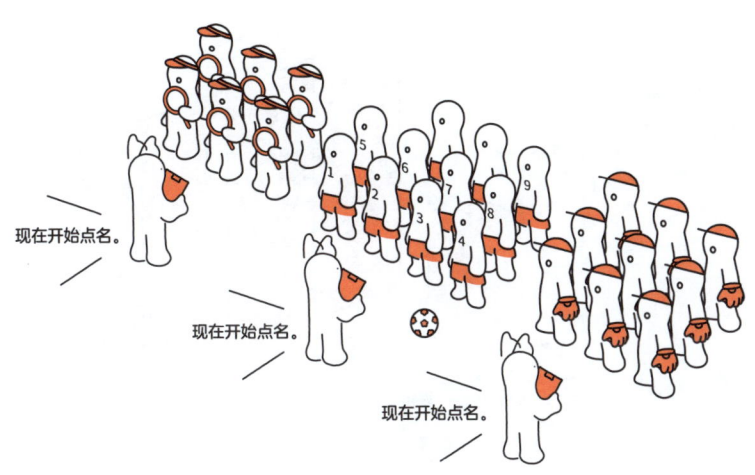

与术语相关的知识

自动分配IP的好处

如果你在计算机上设置为IP地址固定，则在连接到另一个网络时需要更改设置，但如果设置为IP地址自动分配，则不需要更改设置。

不可变更的固定IP地址

在用于多人连接的服务器设备上，如果IP地址发生变更，则连接方将会无法按照原来的地址继续连接，为避免这一麻烦，服务器等提供连接的设备往往采用固定的IP地址而不使用DHCP。

DHCP的缺点

如果通过DHCP提供IP地址，则在连接到另一个网络时不需要更改设置，但是如果DHCP服务器出现故障，则将无法进行TCP／IP通信。

术语用法示例

 "如果无法连接到互联网，请检查DHCP设置。"

相关术语

IP 地址和端口号 ……P44　　路由器和交换机 ……P46

49

术语 047

NAT和NAPT

在同一地址管理多台计算机

由于互联网的普及,越来越多设备连入了互联网,而连入互联网的每一台计算机都需要一个 IP 地址,这就导致 IPv4 中的 IP 地址不足,为了解决这个问题,可以考虑使用一个全局 IP 地址,其方法有 NAT 和 NAPT。NAT 为一个全局 IP 地址分配一个私有 IP 地址。NAPT 使用 IP 地址和端口号,使同一地址下多台计算机能够同时连接到互联网。

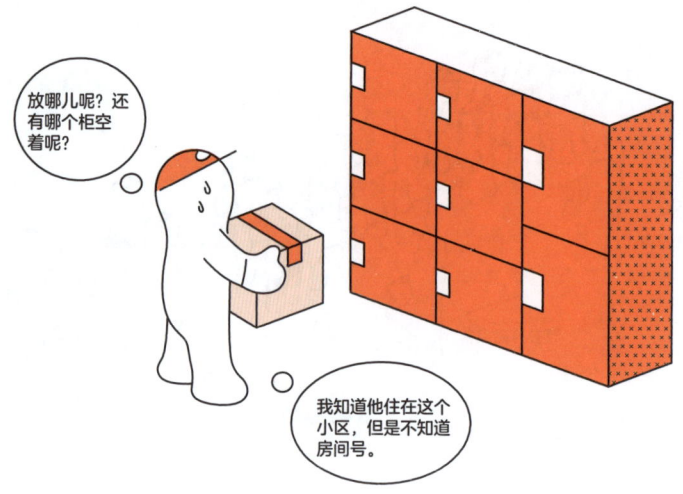

 与术语相关的知识

NAT 的注意事项

如果使用 NAT,则无法从外部拨打电话,也可能无法与游戏对象或 IP 电话进行 P2P 通信。在这种情况下,需要"跨越 NAT"。

什么是全局 IP 地址

为了唯一识别连接到 Internet 的计算机和通信设备,必须使用全球唯一的、不重复的全局 IP 地址。

什么是私有 IP 地址

专用 IP 地址用于连接到组织内部使用的网络的终端,如 LAN。只要在同一网络内是唯一不重复的(空闲未使用的)IP 就可以自由地分配。

术语用法示例

 "现在的路由器都默认配备了 NAT 功能。"

相关术语

(WAN 和 LAN)……P42   (IP 地址和端口号)……P44

50

术语 048

分组(Packet)和帧(Frame)

通信的基本单位

分组（又称为数据包）和帧都是 TCP/IP 协议通信传输中的数据单位，用于将通信内容划分为一定的大小，以便在分组通信系统的网络上发送和接收。通常，分组主要用于在 OSI 参考模型的网络层（第三层）中通过 IP 地址传送的数据，而帧主要用于在数据链路层（第二层）中通过 MAC 地址传送的数据。

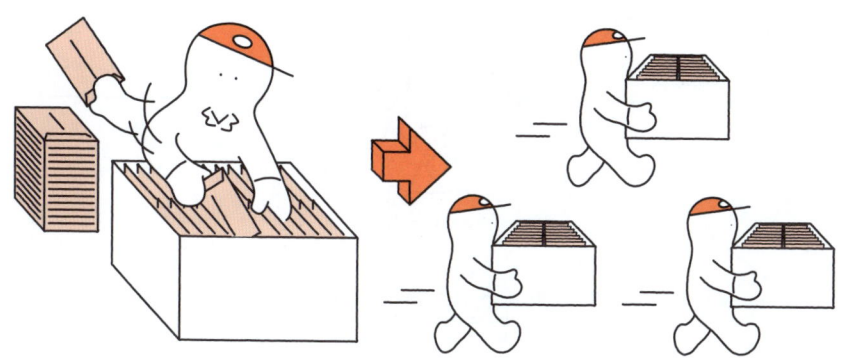

与术语相关的知识

IP 分片
为了分割发送不能一次发送的大数据包而进行的分段传输处理被称为 IP 分片，在接收方将其组合并还原成想要的原文件。

最大传输单元
可传送的数据包长度的最大值称为 MTU。更多的数据可能会被路由器划分（IP 分片），这个分片的大小可能会影响通信速度。

数据包堵塞
虽然可以连接到互联网，但由于线路拥挤，数据包无法流动的状态被称为数据包堵塞。其原因可能是同网用户增加、大容量的数据传送、电波干扰等。

术语用法示例

"这个月看了太多视频，数据包费用太多了。"

相关术语

分组交换和电路交换……P40　　协议和 OSI 参考模型……P43

会话和连接

管理连接状态

这是一种用于识别正在浏览网页的同一用户的访问权限的机制。虽然每次访问被默认识别为不同的用户，但在可以登录的网页，如网络购物网站的个人购物车等情况下，则会识别为曾经访问过的同一用户。会话通常用于 OSI 参考模型的会话层（第五层），连接通常用于传输层（第四层）。

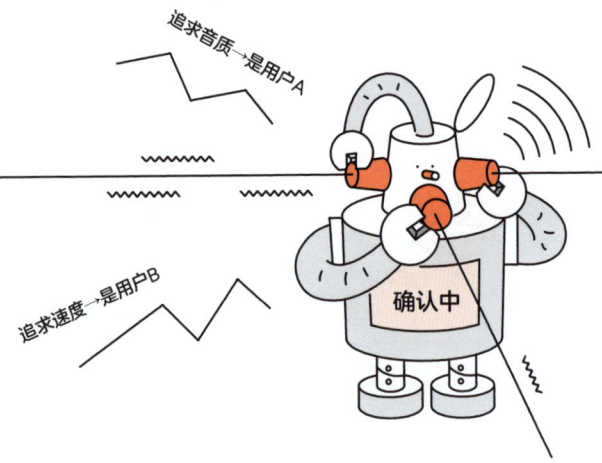

与术语相关的知识

会话的管理方法

Web 应用程序可以使用 Cookie、表单中的隐藏字段或证书来管理会话。

有状态服务

使系统保持用户的当前状态，并根据其内容改变处理结果。即使在相同的输入中，结果也可能根据过去的状态而改变。

无状态服务

仅使用输入值来处理用户的状态，而不将用户的状态保持在系统中。相同的输入只能产生相同的结果。

术语用法示例

"如果你未经许可退出，则会话会超时。"

相关术语

分组交换和电路交换 ……P40　　协议和 OSI 参考模型 ……43

术语 050

网域和网段

识别网络区域

"域"或"段"用于划分网络的区域,但它们的范围没有明确的标准。基于某个标准划分的范围通常称为网域和网段,并且被用作表示单个区域的术语,例如冲突域(数据包发生冲突的范围)或广播域(数据包到达的范围)。

第 2 章　配套学习 IT 术语

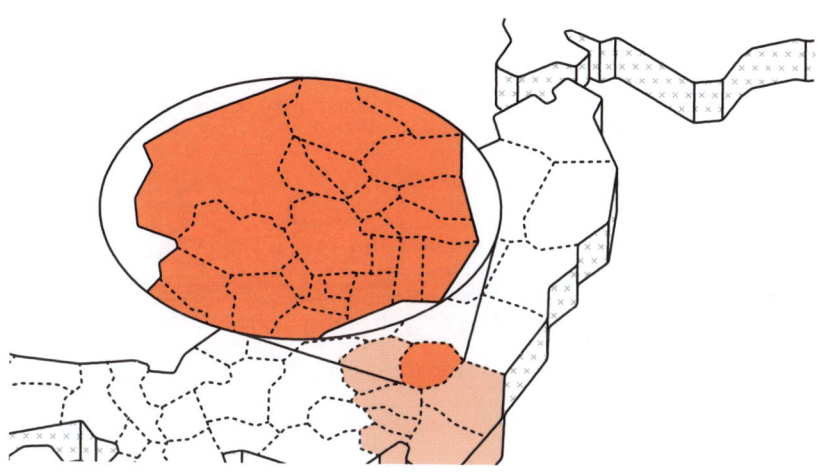

 与术语相关的知识

按域划分的好处
由于连接到一个区域的计算机发出的信号还可以到达其他区域,所以通信可能发生冲突。通过划分区域来防止通信速度的降低。

MAC 地址
在发数据包时分配给网络设备的号码中有 MAC 地址,也被称为物理地址。用于 OSI 参考模型的第二层。

用于指定域的数值
用于指定网络范围(子网)的数值是"子网掩码",可以指示特定 IP 地址属于哪个子网。

术语用法示例

"如果你不划分网段,你就没有足够的IP地址可供分配。"

相关术语

因特网和内联网 ……P39　　WAN 和 LAN ……P42

术语 051

CPU和GPU

计算机的大脑

相当于计算机大脑的设备是CPU,用来进行运算和控制。同样,GPU也进行运算,但其擅长简单计算的并行处理。GPU由于结构简单,不适合处理复杂的问题,更适合处理过程类似但数据量巨大的任务,如游戏、AI等。而CPU则用于执行通用程序。

GPU：线路仅1条，但速度快！

CPU：在条条大路上齐头并进！

与术语相关的知识

显示性能的时脉速度

时脉速度是表示CPU等运算设备每秒能进行多少处理的值,数字越大意味着处理速度越快。

并行处理

并行处理是计算机系统中能同时执行两个或多个处理的一种计算方法,一般指经特殊设计的多线程处理器。并行处理是为了使CPU等运算设备的处理高速化,通过将一个指令分割成多个,再同时并行执行的技术。

超频

自行承担风险,把电子配件的时脉速度提升至高于厂方所定的速度运作,从而提升性能的方法,但可能导致该配件稳定性以及配件寿命下降。以高于制造商所设定的时钟频率的频率运行,称为超频。

术语用法示例

"我们买电脑的时候,往往只关注CPU的性能,其实也应该考虑GPU的性能。"

相关术语

五大设备……P206　　IC（集成电路）……P207

术语 052

就地部署和云端

系统管理员变更

使用自己公司购买的服务器、网络设备、应用程序等运行的方式被称为"就地部署(On-Premise)"。与之相对应的是,将来自网络上的由外部企业提供的服务器、网络设备、应用程序等按需服务使用的方式称为"云端(cloud)",其本质尚未得到统一贴切的解释,从直觉上来说,网络上共享的设备就像存在于"云端"的设备一样。

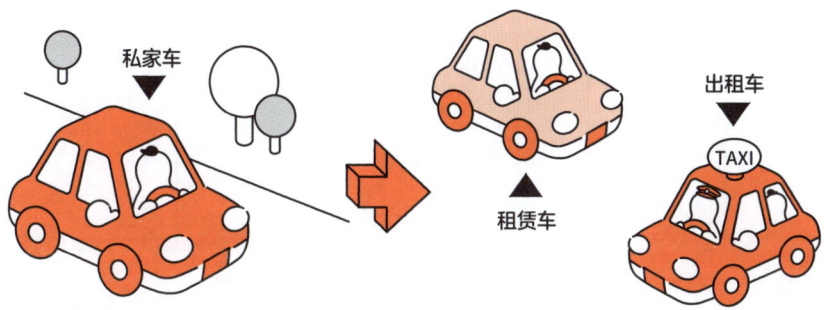

从所有者,到利用者

与术语相关的知识

SaaS 服务
SaaS 是一种服务形式,其中"软件"作为一种通过 Internet 提供的服务,可以根据用户要使用的数量和时间灵活使用。

PaaS 平台服务
PaaS 是通过互联网将"硬件和操作系统等"作为服务提供的一种形式,可以根据用户想要使用的数量和时间段灵活使用。

IaaS 基础架构服务
IaaS 是一种服务形式,其中"服务器和网络等"通过 Internet 作为服务提供,并且可以根据用户要使用的数量和时间段灵活使用。

术语用法示例
"我很好奇下一个系统是通过就地部署还是使用云端服务。"

相关术语
数据中心 ……P26　　SLA ……P93　　租赁服务器 ……P143

术语 053

文件和扩展名

与应用程序关联的方式

在计算机中保存文件数据时给出文件名以识别每个文件。在这种情况下，通过在名称之外添加"扩展名"，可以将所创建的文件与使用该文件的应用程序相关联。例如，Excel 文件的扩展名为 .xls 和 .xlsx。

与术语相关的知识

文件关联

选择具有特定文件格式的文件时，可以通过关联打开文件的应用程序，省去了寻找和选择对应应用程序的麻烦。

隐藏文件

隐藏文件是将计算机中的重要文件设置为对用户不可见，以防止被意外更改或删除。

文件被隐藏扩展名时怎么做

如果文件扩展名未在 Windows 上显示，请取消"文件夹选项"中的"隐藏注册的文件扩展名"。

术语用法示例

"保存文件时，不仅要注意文件名，而且要注意扩展名。"

相关术语

文件夹和目录 ……P57

术语 054

文件夹和目录

管理档案

在管理多个文件时，经常使用文件夹进行分类。还可以在文件夹中放入其他文件夹，以分层结构保存。根据环境的不同，文件夹有时也被称为"目录"，如用命令行操作时通常称为目录，而用 GUI 操作时通常称为文件夹。

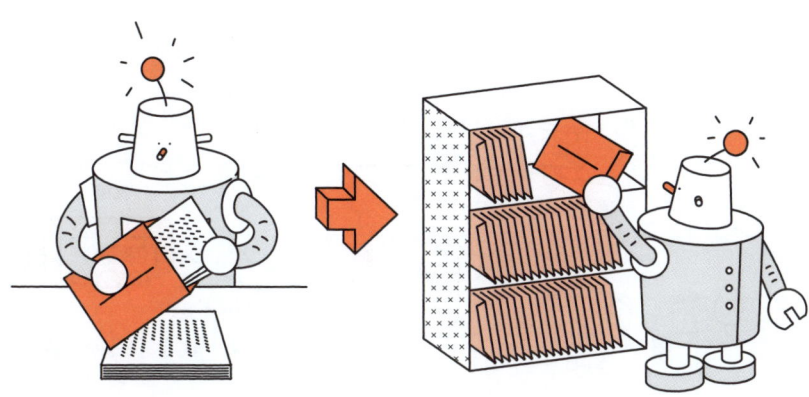

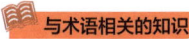
与术语相关的知识

主目录
为每个计算机用户准备的目录（通常是登录时的基本位置）称为主目录。其他用户无法访问它。

当前目录
用户当前正在处理的目录称为当前目录，有时也称为工作文件夹或工作目录。

文件排序规则
文件夹经常按照名称、创建时间、更新时间等进行排序，如果有命名规则，则可以按命名排序，这样对用户来说更容易理解。

术语用法示例

"我使用文件夹对文件进行了很好的分类，以便更容易找到想要的文件。"

相关术语

文件和扩展名 ……P56　　主目录和当前目录 ……P116

绝对路径和相对路径

显示文件位置

到达目标文件所在文件夹的方式称为"路径"。由于文件夹具有分层结构,因此从根目录指定的所有路径称为绝对路径。另一方面,表示从当前文件夹到目标文件夹的路径是相对路径,并且上级文件夹由".."表示。

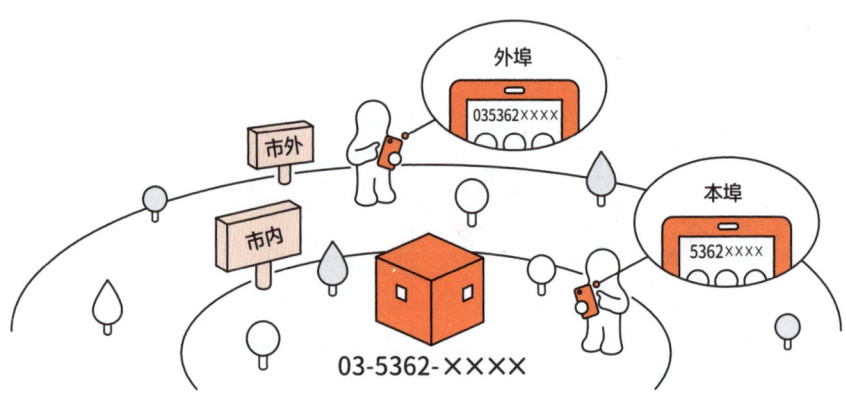

与术语相关的知识

不同操作系统的分隔符差异

在表示文件夹的分层结构时,在 Windows 中用"\"来表示,在 Linux 和 macOS 等 UNIX 操作系统中用"/"来表示(如C:\book\chapter1.txt)。

指定上级目录

上级目录也称为父目录,在 CUI 中指定相对路径时,使用".."这一符号记述为"..\"或"../"。

根目录

分层文件结构中的最上面的目录被称为根目录,相对于树枝来说,它表示树根。意味着管理员的 root 不同。

术语用法示例

"如果使用绝对路径,则可以从任何目录中指定相同的路径。"

相关术语

文件夹和目录……P57   主目录和当前目录……P116

无损压缩和有损压缩

减少文件所占空间

在不改变数据内容的情况下缩小数据的大小被称为"压缩",恢复到原来的大小被称为"展开"或"解压缩"。能够恢复为与原始数据完全相同的压缩方法被称为无损压缩(可逆压缩),而数据不能被还原到与原始数据完全相同的压缩方法被称为有损压缩(不可逆压缩)。对于静止图像和动画等,如果压缩后视觉劣化不明显,也可以采用有损压缩。

与术语相关的知识

行程压缩

行程压缩是一种简单的压缩方法,是一种基于连续长度的压缩,例如数据AAAAABBBCCCC由出现的数据及其长度表示的特性实现压缩后得到A5B3C4。主要用于传真等。

合并多个文件

压缩文件将多个文件集中处理为一个的"存档"形式,也可以压缩大小进行存储。

数据压缩率表示法

压缩率是压缩后的数据相对于原始数据的大小减少了多少的比率,能够压缩得越小则压缩率越高。

术语用法示例

"文档需要进行无损压缩,但是对于要求不太高的图像,有损压缩就足够了。"

相关术语

JPEG 和 PNG ……P160

VGA和HDMI

输出视频

将计算机连接到显示器时，将使用 VGA、HDMI、DVI 和 DisplayPort 等标准。VGA 和 DVI 是只能传输视频的旧标准，但是许多显示器和投影仪都支持这两个标准，并且现在仍被广泛使用。HDMI 是近年出现的，并且使用频率越来越高，因为它不仅传输画质高，而且可以同时传输音频。

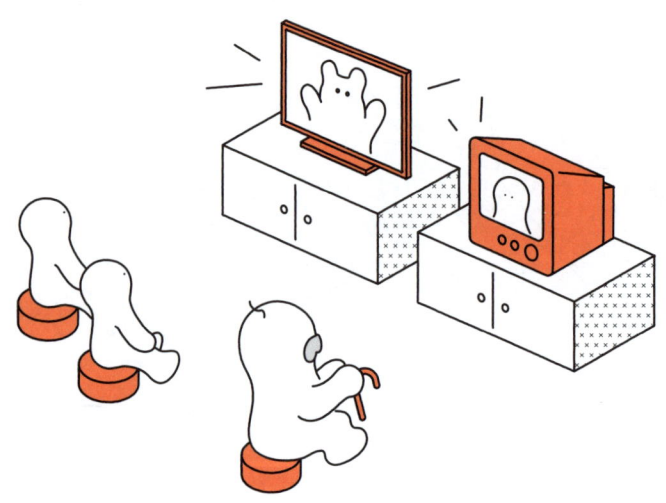

与术语相关的知识

转换数据线正在增加

最近，越来越多的计算机不配备 VGA 和 HDMI 等端口，与之相对，越来越多的计算机使用 USB 接口的数据线端口进行信号转换。

屏幕比例的差异

不仅仅是信号线和数据线的连接方法正在变化，屏幕尺寸也正在发生变化。除了传统的4∶3的比例，最近屏幕采用16∶9和16∶10比例的也在增加。

高速数据传输技术

MacBook 等搭载的数据传输技术有 Thunderbolt，可以处理 USB、以太网、DisplayPort 等。其使用 USB Type-C 形状的接口。

术语用法示例

"我应该使用哪种数据线进行演示，VGA还是HDMI？"

相关术语

分辨率和像素 ……P69　　串行和并行 ……P77

术语 058

字符编码和机种依存字符

字符因环境而异

计算机为了处理字符,需要使用数字作为字符编码。除了以字母数字为中心的 ASCII 代码,还有可以处理日语的 Shift_JIS 和 EUC-JP,以及可以处理世界各地文字的 Unicode 等。只能在特定机种上使用的字符编码被称为机种依存字符(编辑注,机种依存字符是日语环境下计算机特有的问题)。

第 2 章 配套学习 IT 术语

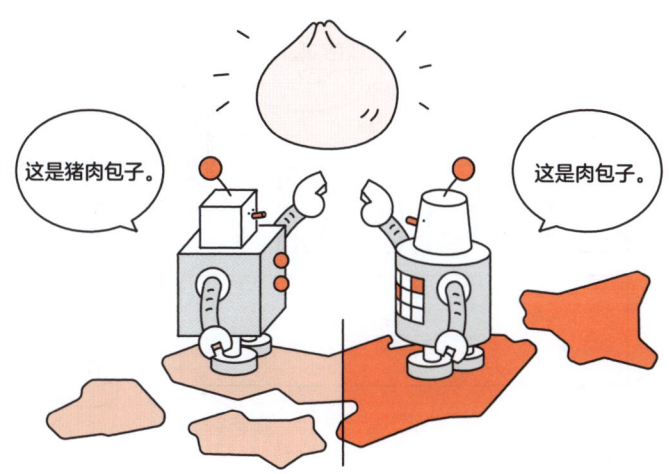

与术语相关的知识

字符编码和"乱码"
当保存在文件中时的字符编码和读取时的字符编码不同时,字符不能正确显示的情况被称为"乱码"。

当前世界标准代码:UTF-8
UTF-8 是 Unicode 的编码方案之一,它不仅在网页文字,而且在世界上的许多软件中通用。

世界各地的表情文字(emoji)
有一种象形图,它由一个字符以图片方式表示,并且包含在某些字符编码中。近年来,表情符号已在全球范围内使用,并且作为一种通用语言正在全世界使用。

术语用法示例

"你告诉我不要在电子邮件中使用机种依存字符,对吗?"

相关术语

字体和字号……P62　　图标和象形图……P65

字体和字号

改变文字的外观

为了改变文字的外观而使用的功能是"字体",有适合大段文字的明朝体,也有适用于标题和副标题的黑体等。除了字体,对文字大小、颜色、粗体字、下划线等文字的指定统称为"字号"。在用于程序源代码等领域时,为了对齐代码数字,经常使用各字符宽度相等的等宽字体。

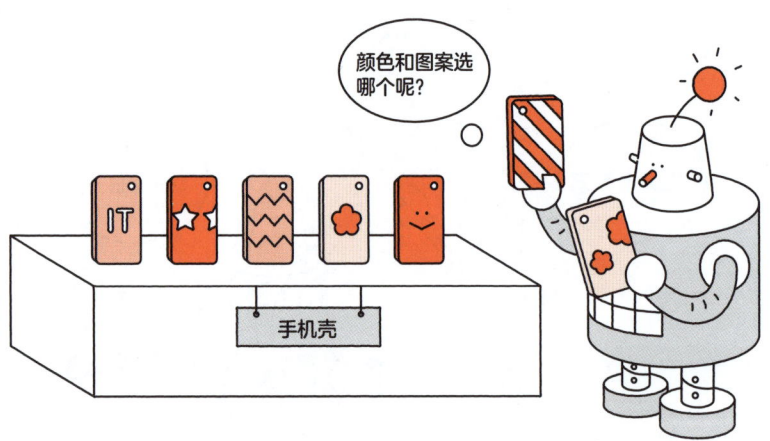

与术语相关的知识

有衬线和无衬线字体区别

在字符线的端部具有"胡须"的书写风格(如明朝字体风格)被称为"衬线",而在哥特风格(如黑体)中没有"胡须"的书写风格被称为"无衬线"。

字符大小

在出版中使用的单位是"点",在国内则是以号制为主,点制为辅,它们用于指定文字和图形的大小。通常的文章使用10个点左右的大小。

注音

在汉字的基础上加上较小的注音时使用的字母叫作拼音。横版排版时写在汉字上面,竖版排版时写在汉字右边。

术语用法示例

"想要使用炫酷的字体,请选择'字体'选项。"

相关术语

字符编码和机种依存字符……P61　　CSS(样式表)……P146

术语 060

前端和后端

在系统中担负不同的作用

简单地说,用户操作的屏幕等外部环境称为前端,而用户不可见的内部环境称为后端。对于 Web 应用程序,前端是用于 Web 浏览器的 HTML 和 CSS,后端是 Web 服务器和数据库管理。

前面　　　　　　　　　　后面

 与术语相关的知识

与基础架构的区别

负责后端的工程师也称为基础架构工程师,但主要负责与 Web 相关的工作时,通常统称为后端。

设计师和工程师

由于前端与外观有关,因此设计师会参与其中很多工作,而工程师则负责编程等技术方面的工作。

汉字转换 FEP

"前端"一词也在 FEP 中使用。它是将输入字符转换为汉字并将其传递给应用程序的软件,最近被称为 IME。

术语用法示例

 "以前端为主开发的公司,办公室通常很时尚。"

相关术语

（MVC 和设计模式）……P231

术语 061

导入和导出

与其他软件交换数据

如果要将一个软件中使用的数据与另一个软件一起使用,则数据兼容性将会成为问题。因此,把数据输出为文本格式的文件以便可以与其他软件兼容的过程称为导出,用其他软件导入该文件称为导入。CSV 通常是这种用于导入导出的文件格式。

与术语相关的知识

批量导入大量数据

批量导入大量数据称为批量导入,是可以高速处理大量数据的方法。在数据库的操作中,同类的行为被称为批量插入。

编程中的"导入"

在编程语言中,如果使用由第三方创建的库,则可以通过"导入"命令来实现。

备份与还原的区别

将一种软件使用的数据保存在另一种介质上称为备份,而在出现问题时进行的恢复称为还原。

术语用法示例

"请导入用其他软件导出的数据。"

相关术语

适配器和转换器……P81 存储器……P209

术语 062

图标和象形图

一目了然的表达方式

图标是让人一眼就能理解其含义的表达方法之一，多为计算机和智能手机中的应用程序所使用的那种简单图案。图标分为广义和狭义两种。广义指具有指代意义的图形符号，它的特点是高度浓缩并快捷传达信息且便于记忆，其应用范围很广，在网页上和公共场合随处可见。例如，在公共场所为了表示厕所和紧急出口而使用的图画文字（象形图）以及各种交通标志等。狭义特指应用于计算机软件方面的符号，包括程序标识、数据标识、命令选择、模式信号或切换开关、状态指示等。

第 2 章 配套学习 IT 术语

 与术语相关的知识

用于 Web 的图标：Favicon

Favicon 常被设定在网页的地址栏、标签和收藏夹中，登录的时候经常能看到它。

没有图像的图标：Icon

Icon 是一种图标格式，可以在网站等页面上像字符一样显示的图标，也被称为 Web 图标字体。因为它不是图像，所以颜色和大小可以根据终端的配置而改变。

ISO 和 JIS 标准

虽然国家和文化不同，但是用于导航地图之类的象形图大家应该都能够理解。这种共识性的象形图在 ISO 和 JIS 规则下实现了标准化，国际通用的图标标准有 ISO 7001 和 JIS Z 8210 等。

术语用法示例

💬 "通过图标可以很方便地找到想要的文件。"

相关术语

……P61　……P141

65

术语 063

版权和知识共享

防止剽窃

版权（也称为著作权）是法律赋予文章、插图、音乐、软件源代码等内容的原创作者的合法权利。通常情况下，创作者自然享有全部权利而无须特别申请。另外，作为著作权人有权指定作品再利用的条件（如创作共用，或知识共享）。有"知识共享组织（CC 组织）"。

与术语相关的知识

没有版权的公有领域

公有领域是人类一部分作品和知识的总汇，任何个人或团体都不具有所有权，公众有权自由使用它们。

编程语言的版权

编程语言是一种公有领域的知识，所以严格来说没有版权，所有人都可以使用。如果编程语言有了著作权，则使用该语言制作的软件也会受到保护，因此编程语言一般认为没有著作权。

人格权和财产权

著作权分为保护"作者人格利益"的人格权以及保护其使用范围、方法和使用费用等"作者经济利益"的财产权。

术语用法示例

💬 "我必须确认知识共享（CC）的范围，标注版权声明。"

相关术语

开放数据 ……P32　　开源代码 ……P157

系统软件和操作软件

软件角色不同

软件可分为系统软件和操作软件。系统软件又称基本软件,具备控制硬件、管理内存等计算机运行所必需的功能。操作软件又称应用软件,是指专门针对个别功能的软件,如电子表格、文字处理、浏览互联网、播放音乐等。

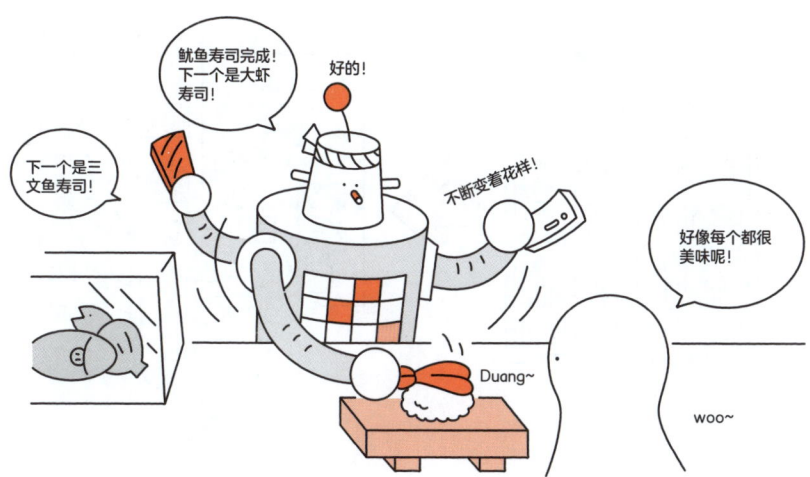

与术语相关的知识

准备安装环境

设置计算机以便能够支持你要安装的程序,通常不仅包括软件安装(如确认系统兼容性、确认.dll文件是否完备等),还包括硬件安装(比如需要准备好相应的驱动)。

软件安装

在计算机上导入软件,使其成为能够使用的状态称为安装,通常会运行以对话形式进行的"安装程序"。

常用操作系统类型

PC和服务器的操作系统大多是Windows、macOS、Linux等,智能手机则使用Android和iOS等操作系统。

术语用法示例

"合适的操作系统使新应用程序能够立即使用。"

相关术语

内核……P229　　API和SDK……P230

文本文件和二进制文件

可以分为两种类型的文件格式

计算机以二进制形式处理数据，因此任何文件都只能以 0 和 1 的方式存储和运算。字符编码对应的值组成的文件称为文本文件，并显示与字符编码对应的字符。与字符编码无关的文件称为二进制文件，并且与不是字符序列的文件相对应，例如图像、声音、视频和程序等。

与术语相关的知识

典型的文本文件例子

简单的文本文件被称为纯文本，其他如 HTML、CSS、程序源代码等也可以用文本的形式保存。

查看二进制文件

如果你用记事本等应用程序打开二进制文件，会看到一堆无法理解的文字，但是如果你用名为"二进制编辑器"的应用程序打开它们，则可以看见以十六进制数字显示的文件。

文本文件的优点

文本文件是指以 ASCII 码方式（也称文本方式）存储的文件，比如英文、数字等字符都是以 ASCII 码存储的。如果是二进制文件，需要专用的软件处理，如果是文本文件，即使操作系统和环境发生变化，不使用特殊的软件也可以处理。

术语用法示例

💬 "如果是二进制文件，我这边很难处理，所以我希望你能以文本的格式传给我。"

相关术语

字符编码和机种依存字符……P61　　源代码和编译……P216

分辨率和像素

决定照片或图像的清晰度

电子图像文件和计算机屏幕是由很多"小点"组成的,这些"小点"称为"像素"或"点"。如果构成一个图像的像素数是 100 万,则意味着由 100 万个"点"构成。分辨率是指每英寸(约 2.54 厘米)长度中点数的词,单位为 DPI(Dots Per Inch)。

高清晰度　　低清晰度

与术语相关的知识

颜色的基础:三原色

将三种颜色混合在一起,可以创造出在屏幕画面和印刷物中表现出的所有颜色。这种基本颜色被称为三原色,包括"色光的三原色(红、绿、蓝)"和"颜料三原色(青、洋红、黄)"。(编辑注:美术教学中通常将红、黄、蓝定义为色彩三原色。)

用于显示器的 RGB

它是红(Red)、绿(Green)、蓝(Blue)的首字母缩写而来。光学三原色混合后,成为适用于显示器显示的颜色,三原色同时相加为白色,白色属于无色系(黑白灰)中的一种。

用于印刷品的 CMYK

它是由青(Cyan)、洋红(Megenta)、黄(Yellow)、黑(Black)的字母缩写而来。经常用于印刷物的颜色指定。

术语用法示例

"在选择打印机时,如果选择分辨率高的机型,就能打印得更漂亮。"

相关术语

VGA 和 HDMI ……P60　　JPEG 和 PNG ……P160

术语 067

十进制、二进制和十六进制

计算机内部的数字表达

用 0~9 这 10 个数字表示数的方法称为十进制。而计算机使用的是仅用 0 和 1 两个数字表示的二进制。在二进制系统中，如果要表达很大的数字，位数就会过多，所以经常用十六进制系统，把"0~F"写成 4 个四位数来表示数据。

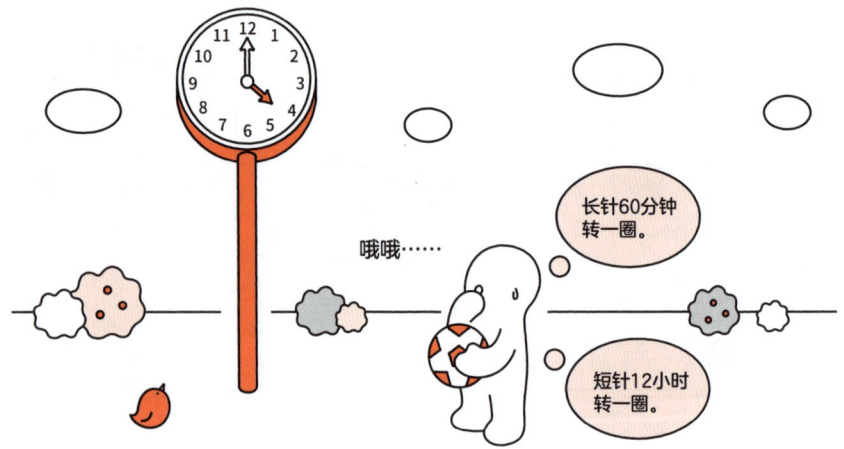

与术语相关的知识

将十进制数转换为二进制数

要将十进制整数转换成二进制，常用的方法是将想要转换的十进制数不断除以2，直到商小于1为止，然后将求出的余数从反方向排列。简单地说就是"除2取余，逆序排列"法。

使用十六进制的颜色代码

HTML 等为了表现颜色而使用的字符串，被称为颜色代码，通常用十六进制数来表现颜色的RGB值（例如：#FFFFFF 表示白色）。

对负数使用"2的补码"

计算机中使用二进制表示负值的方式是采用"2的补码"。求负整数的补码，将其原码除符号位外的所有位"取反"（0变1，1变0，符号位为1不变）后"加1"。

术语用法示例

💬 "使用Windows计算器，你可以轻松地将十进制转换为二进制或十六进制。"

相关术语

(IP 地址和端口号)……P44　　(CSS（样式表）)……P146

70

版本和发行

管理同一软件的更新

软件并不是开发完就结束了,而是要不断地对其修复错误和添加功能。为了管理这些内容差异,会对相同的软件使用某种编号等进行识别,这就是版本号,版本的更新迭代叫"版本升级"。此外,向社会推出新版本被称为"发布"。

Ver 3

Ver 2

Ver 1

与术语相关的知识

主版本号<major>
主版本号是用句点分隔的版本号,如"1.2.3",通常用于进行了重大修改时的版本。

次版本号<minor>
主版本号之后的第二个数字值被称为次版本号,通常是对该软件的中等修改。

最近兴起的 α 版和 β 版
α(Alpha)版和 β(Beta)版是在软件未完成的状态下向一些人公开,让他们使用,并将问题和缺陷反馈给产品的版本。

术语用法示例

"大改动改版本,小改动改版本号。"

相关术语

Git 和 Subversion ……P72   转换迁移(Cutover)和业务介入(Service in)……P90

术语 069

Git和Subversion

版本控制系统的标准

当你修改和保存文件的内容时,可能想要掌握它们之间的差异,或者需要恢复到以前的内容。虽然你可以通过改变文件名并将其"另存为",但由于日后可能会忘记哪个版本是最新的,因此会用到版本控制系统。目前主流的版本控制系统是Git和Subversion(SVN)。

与术语相关的知识

版本控制信息的存储

存储库是一个术语,具有集中管理数据的存储的含义,是指存储如版本控制系统中使用的文件之类的数据的位置。

代码托管服务

GitHub、GitLab和BitBucket是使用Git管理源代码的常用资源库托管服务。

与存储库的交互

从版本控制系统存储库中取出文件被称为检出,而写入文件被称为检入。

术语用法示例

 "有一段时间我经常使用Subversion,但是最近使用Git越来越多了。"

相关术语

(版本和发行)……P71　(启动和发布)……P89

模块和软件包

"库"的管理

具有相关功能模块的集合称为"库"。"库"是被反复使用的常用程序的集合,类似的术语还有"模块"和"软件包","软件包"简称"包"。根据语言和环境的不同而不同,但大体上我们把程序的一小部分通常称为"模块",易于人们使用的部分称为"库",而多个模块和库的集合通常称为"包"。

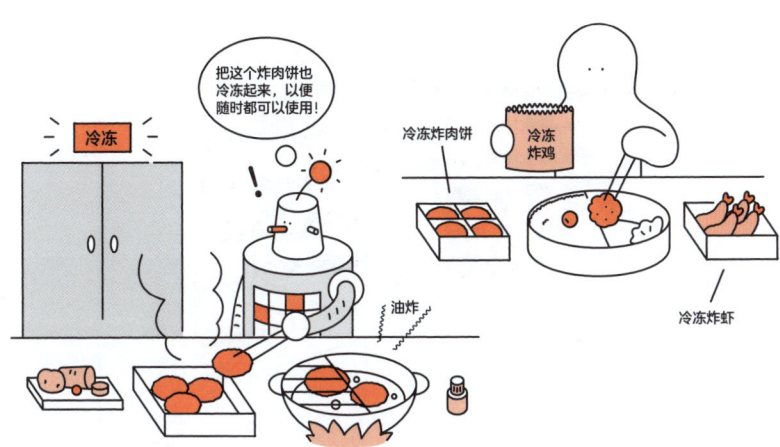

与术语相关的知识

模块划分标准
为了便于以后修改,将其划分为尽可能不依赖于其他模块的单元。其大小、关联性的强弱和结合的程度称为粒度、强度和耦合度。

编程语言的软件包管理
为了顺利更新和安装编程语言包,使用软件包管理工具和依赖管理工具。

UNIX操作系统中的软件包管理工具
在UNIX操作系统中,为了管理应用程序,经常使用APT、RPM、ports、Homebrew等软件包管理工具。

术语用法示例
- "在Python中,多个模块统称为一个软件包。"

相关术语
API 和 SDK ……P230

术语 071

电子表格和DBMS

集中管理数据

在管理数据时，可以使用电子表格软件（如 Excel）来管理表格格式的数据，而不是文本格式（如 CSV 文件）的数据。但是，在大量数据或由多人处理数据的情况下，可以通过使用数据库来保持其一致性并执行高速处理。典型的数据库有 DBMS，如 MySQL、PostgreSQL 和 Oracle。

 与术语相关的知识

存储数据的单元格

在电子表格软件中，排列成格子状的方格被称为单元格，通过在这个单元格中输入数据来制作或计算表格，并使用行和列指定数据的位置。

关系数据库管理系统 RDBMS

用由多个行和多个列构成的表来表现数据间的关系，并使用选择、投影和合并等关系运算的数据库被称为 RDBMS。

处理大量数据的新方法

NoSQL 是指 RDBMS 以外的 DBMS。需要处理大量数据或需要实时分析数据时常用。

术语用法示例

 "聘用办公人员的时候，如果其不会使用电子表格软件，就比较麻烦。"

相关术语

关系型数据库和SQL ……P236

术语 072

SMTP、POP和IMAP

用于发送和接收电子邮件

SMTP 是用于发送邮件的协议，并且用于从发送方的计算机到邮件服务器以及邮件服务器与邮件服务器之间的通信。另一方面，用于接收邮件的协议有 POP 和 IMAP，它们用于接收方的计算机和邮件服务器之间的通信。

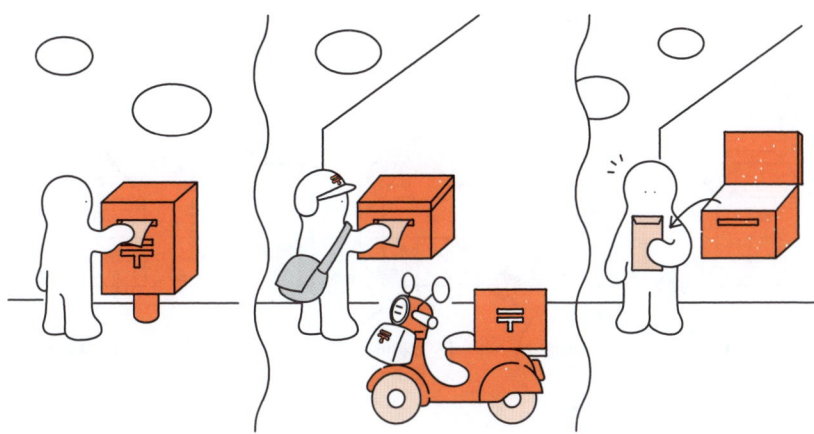

与术语相关的知识

POP 和 IMAP 的使用区别
POP 将服务器上的邮件下载到 PC 等终端，并通过邮件软件进行管理，而 IMAP 则在服务器上进行管理。

OP25B 防止垃圾邮件
为了阻止垃圾邮件的发送，由服务商切断 25 号端口（用于发送邮件）到外部网络的通信机制被称为 OP25B。

发送附件的技术
鉴于邮件只能发送字母数字字符，而 MIME 作为电子邮件标准的扩展，允许将附件转换为字母数字字符并发送。

术语用法示例

 "最近我经常使用Web邮件，很少使用SMTP和POP。"

相关术语

垃圾邮件 ……P171　　SSL 和 TLS ……P194

术语 073

搜索引擎和嗅探器

在互联网上收集数据

搜索引擎收集并存储互联网上的数据，提供一种能够检索该数据的机制。它会定期在世界各地的网站上巡视、跟踪和收集网站链接中的内容，俗称为"爬虫"。该工具称为嗅探器或爬行器。

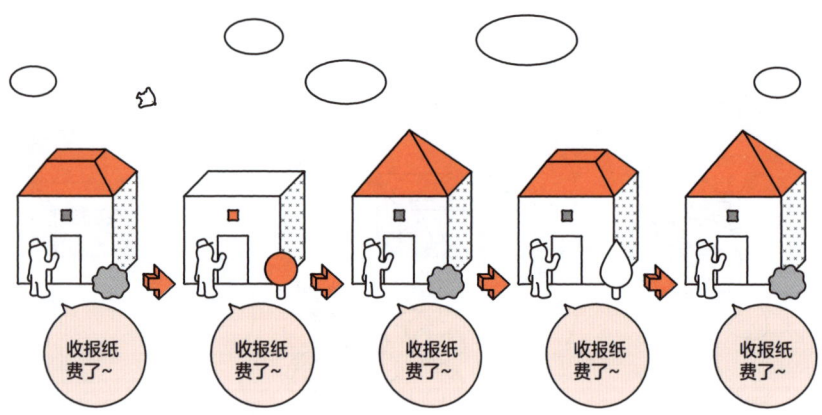

与术语相关的知识

对搜索结果进行排序

全面分析和确定元素以便检索结果的上位显示与检索到的关键字相关的页面，这种综合分析并决定要素的工作被称为"加权计分"。

与门户网站的区别

门户网站是一个供用户使用Web的入口，不仅包括搜索功能，还包括新闻、电子邮件和拍卖等服务。

注意服务器上的负载

由于爬行器通过程序访问Web服务器来获取信息，因此如果在短时间内连续获取信息，则可能会给服务器带来很大的负载。

术语用法示例

"不懂的词语，先去搜索引擎查一下。"

相关术语

网站和网页 ……P82　　爬虫 ……P158

术语 074

串行和并行

高速传输数据的方法

以串行方式收发数据称为串行，以并行方式收发数据称为并行。虽然感觉并行收发可以高速处理，但是为了并行处理必须调整各自的通信时序。如果是串行模式，则只需要按顺序进行处理，因此串行具有可以更易提高速度的优点。

与术语相关的知识

用 USB 连接外围设备
USB 是用于将外围设备连接到计算机的串行通信标准。有几种端口形状，大多数现代设备支持它们。

连接电脑
PCI Express 是用于连接显卡等设备的串行连接高速传输接口，目前被广泛使用。

用于打印机等设备的并行连接
并行连接的并行端口曾用于连接打印机，但随着 USB 方式连接成为主流，并行端口逐渐退出舞台。

术语用法示例

"以前的接口多数是并行的，但现在多数是串行的。"

相关术语

接口 ……P106

术语 075

物理××和逻辑××

"脑补"出的硬件

通常，看得见的、与实体硬件接近的东西通常称为物理××，而在软件处理的方法中有逻辑××，使得物理事物在外观上是实体的。但是，根据符合这××的词语的不同，其所指的内容也完全不同。这种"逻辑"是一种接近"虚拟"的思维方式，可以说是"脑补"出来的。

与术语相关的知识

格式差异

当格式化硬盘时，在物理格式中会初始化整个盘，而在逻辑格式中仅初始化管理信息的一部分。

设备实体的存在或不存在

配置硬件设备时，物理驱动器对应设备的实体，而逻辑驱动器则使一个设备看起来也有多个驱动器。

删除方法的差异

当从数据库等软件中删除数据时，物理删除会完全删除数据，而逻辑删除会通过设置删除盘符标记等来隐藏数据。

术语用法示例

> "IT用语中物理××、逻辑××这样的词汇比较多，很难理解。"

相关术语

虚拟化……P27

纵向扩展(Scale Up)和横向扩展(Scale Out)

提高计算机性能的技术

改善单个计算机中硬件性能的方法称为"纵向扩展(Scale Up)",并排排列多台计算机以提高性能的方法称为"横向扩展(Scale Out)"。这两种方法都正被使用,但最近数据中心等使用廉价终端的"横向扩展(Scale Out)"较多。

与术语相关的知识

阿姆达尔定律

当计算机并行配置时,阿姆达尔定律用数学公式表示整体性能提高的标准,并用于预测性能提高的极限。

频繁更新的性能

当面对一个频繁地更新的数据库时,提高性能的扩展比反映在所有分散的存储目的地上更有效。

可承受故障的横向扩展

除了通过负载的分散来提高性能外,横向扩展还具有即使一部分发生故障,其他设备也可以继续运行的优点。

术语用法示例

"横向扩展和纵向扩展哪个更有助于提高处理速度?"

相关术语

负载均衡 ……P242

SE和程序员

系统开发相关的职业

在系统开发中,有从需求定义到设计、开发、测试、运用等流程,其中主要与需求定义和设计等上游工序相关的人员被称为 SE(系统工程师)。在开发阶段主要制作程序的人员被称为程序员。不过,工作内容并没有明确区分,根据企业的行业和规模等也会有所不同。

与术语相关的知识

作为 SE 所需的能力

SE 不仅需要广泛的 IT 知识,而且需要设计书等文件制作能力、客户业务相关知识、与客户对话的沟通能力等。

程序员所需的能力

程序员不仅需要具备编程语言的相关知识,而且需要对事物进行有序的思考,并按部就班完成实施的能力。

程序员35岁退休说

这意味着即使你作为一名程序员,积累了足够的职业经验,但由于体力、转职 SE/管理或其他岗位等原因,你最终很可能在35岁左右结束程序员这一职业。

术语用法示例

"好像有很多人是在做了多年的程序员之后才成为SE的。"

相关术语

离岸……P35　　SES……P94

术语 078

适配器和转换器

转换数据的设备

适配器是一种使用不同接口实现适配的设备，而转换器是一种转换信息形式的设备。适配器仅转换接口并进行调解，不会更改内容，而转换器具有更改内容并将其传递的作用。

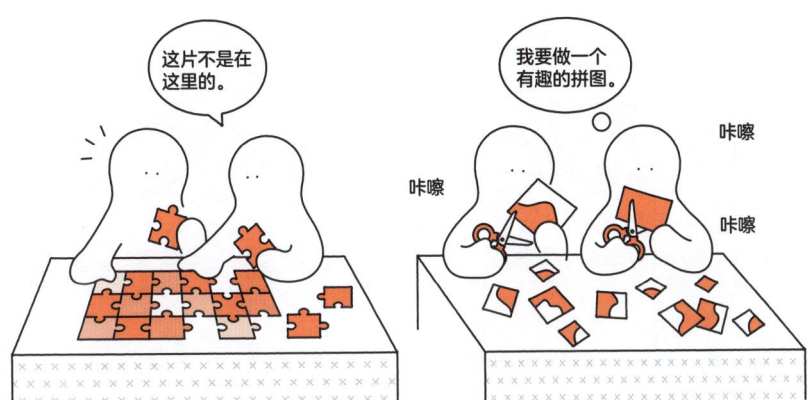

与术语相关的知识

与变频器的区别

电器等将直流电转换为交流电的设备称为变频器，反之将交流电转换为直流电的设备称为转换器。用来改变电压和频率。

交流（AC）适配器的作用

交流适配器不仅可以将交流电转换为直流电，还可以降低电压，多用于笔记本电脑、手机等小型设备。

文件格式转换器

将针对某一软件制作的文件转换为其他软件也能处理的文件形式的软件称为文件转换器。

术语用法示例

"适配器和转换器虽然很像，但是能分开使用吗？"

相关术语

导入和导出……P64　　接口……P106

网站和网页

在互联网上公开的信息

你使用 Web 浏览器浏览的、Internet 上发布的每个文档都称为网页。同样,如果一个公司在一个域中发布多个网页,例如首页、公司信息、产品信息等,则该域下的整个网页称为该公司的网站。

与术语相关的知识

与主页的区别

网页浏览器启动时最先显示的页面被称为主页,最近多指网页或网站。

发布 Web 页

要发布网页,需要用 HTML 编写页面内容,然后将其上传到现有的 Web 服务器上。如果上传成功,则可以使用设置好的 URL 地址浏览它。

制作业务的分担

在公司创建网站时,负责设计的设计师、负责 HTML 的编码人员、确定方向的主管等要各司其职并配合完成任务。

术语用法示例

 "请参阅该网页以设计新网站。"

相关术语

搜索引擎和嗅探器 ……P76 网站地图 ……P144 HTML ……P145

补充

使用相同缩写词的 IT术语

IT行业经常使用英语缩写的首字母缩写。但是，其中2~3个字母构成的词居多，所以重复的情况并不少见。通常我们从上下文中可以联想出这个词缀的本意，但是初学者往往无法看出其中的区别。

例如，下表中显示了一些缩写的例子。它们如果出现在类似的业务中有可能会弄错，所以使用缩略语的时候要注意这一点。

缩略语	术语	应用领域
ASP	Application Service Provider（应用服务提供商）	网络应用技术
	Active Server Pages（活动服务器页面）	网络应用技术
CC	Creative Commons（知识共享）	版权
	Common Criteria（通用标准）	安全
CV	Conversion（转换）	网络营销
	Contents View（内容视图）	网络营销
EUC	End User Computing（最终用户计算）	信息系统
	Extended Unix Code（扩展UNIX代码）	字符代码
FB	Facebook（脸书）	SNS
	Feed Back（反馈）	商务用语
FW	Fire Wall（防火墙）	安全
	Framework（框架）	系统开发
	Firm Ware（固件）	信息系统

补充

使用相同缩写词的IT术语

续表

缩略语	术语	应用领域
HP	Home Page（主页）	互联网
	Hewlett Packard（惠普）	计算机制造商
ML	Machine Learning（机器学习）	人工智能
	Mailing List（邮件列表）	商务用语
PP	Privacy Policy（隐私政策）	安全
	Protection Profile（保护配置文件）	安全
PR	Pull Request（拉取请求）	系统开发
	Public Relations	宣传
SE	System Engineer（系统工程师）	系统开发
	Sound Effect（声音特效）	音响

　　上表中列出的都是首字母缩写，但在计算机领域中的缩写也有独特的规则。

　　例如，通常将以 Ex 开头的单词缩写为 X，使得 Extensible Markup Language（可扩展标记语言）成了 XML，而 Exclusive OR 则成了 XOR。

　　此外，正如 Cross Site Scripting(跨站脚本攻击)缩写为 XSS 一样，C 的首字母有时也变成了 X。这是因为如果将其缩写为 CSS，则很难将其与 Cascading Style Sheets（层叠样式表）区分开。这就是 Cross Site Request Forgeries 是 CSRF，而 Cross Site Scripting 被缩写为 XSS 的原因。

　　不仅仅是记首字母，大家在记缩略语和术语的时候，把基础的英语也一并记下，这样就不容易弄错了。然后，要有意识地在学习的同时留意是否还有其他类似原理的缩略语。

第3章

商务会议中使用的IT行业术语

术语 080~117

术语 080

工时、人日、人月

用于估计开发周期

在预估软件开发所需时间时使用。因为有很多开发人员参与,如果1个人工作需要6天,2个人需要3天,3个人需要2天,这种情况下的工时即为"6人日",像这样使用人日和人月的单位完成计算。

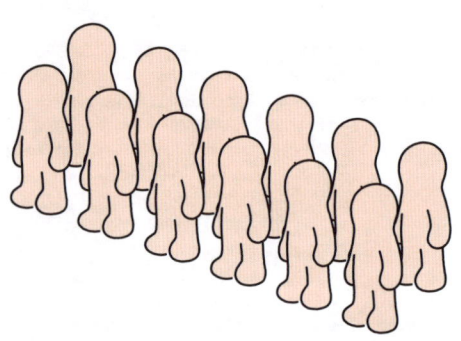

与术语相关的知识

书籍《人月神话》

《人月神话》一书总结了使用"人月"进行报价的常见案例问题,证明了即使增加了"人数",也未必等于可以缩短开发周期。

提高报价的准确性

在估计工时方面,有使用从过去的成就推断的方法,或从要实现的功能数量进行数学计算的功能点方法。

人月计算的问题

在以人月计算的情况下,经常没有评估熟练者和初学者的差异,所以在估算时,如果假定人员和成员构成发生变化,则可能赶不上交货时间。

术语用法示例

"估计工时的时候,每个月要按20人日来计算。"

相关术语

敏捷式开发和瀑布式开发……P11　系统集成商……P29

术语 081

事实标准

为了支持更多用户

为了使更多人使用某产品，需要有一个"符合某标准"的概念，目前已经建立了如 ISO 和 JIS 之类的标准。但是在 IT 行业中，即使不在 ISO 或 JIS 标准范围内，但已经被许多人认可和使用，并且有些已经成为事实上的全球标准，称为"事实标准"。

第 3 章　商务会议中使用的 IT 行业术语

与术语相关的知识

官方标准（De jure standard）
作为一种与事实标准相对的规则体系，由标准化组织建立的标准称为"官方标准"或"法律标准"。

市场份额很重要
事实标准要想得到更多人的认可，比起技术上是否优秀，重要的是确保更多的市场份额。

事实标准案例
作为事实标准，广为人知的有通信标准 TCP/IP、PC 系统 Windows、存储卡的 SD 卡规格等。

术语用法示例

"家用 VHS 经常被视为事实标准的案例。"

相关术语

默认 ……P101

术语 082

资源和容量

事先确保容量很重要

在推进项目时,必要的人员、预算、设备等被称为"资源",由于人的技能和负荷很难量化,因此需要进行管理。另外,像事先假设的人员数量等计划值称为"容量"。在容量不足的情况下,可以考虑通过增加人员和延长工作时间来补充。

哗啦

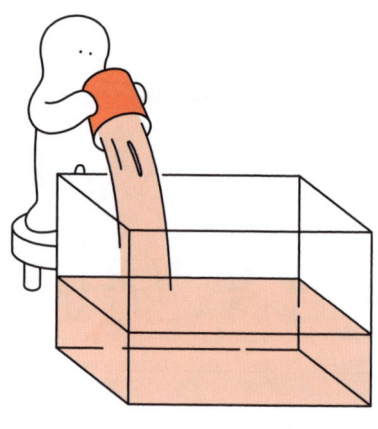

与术语相关的知识

系统的资源配置

硬件、软件、网络等也被称为系统资源,当出现内存容量和线路速度不足等情况时,则被称为系统资源不足。

编程的资源

在程序中使用的图像、图标和菜单等也被称为资源,并嵌入可执行文件。有一个资源编辑器可以编辑它。

系统配置容量

CPU资源、磁盘容量、线路容量被称为"容量",在系统开发中,有必要进行规划和部署,避免容量过剩和不足。

术语用法示例

 "我们已经有足够的容量,现在必须保留资源。"

相关术语

项目管理……P91　模拟……P104

术语 083

启动和发布

对公众开放

对世界各地的公众同步公开某事物,例如新 CD 的开售或网络内容的上传公开,被称为"发布",类似的术语是"启动",当使用比发行版更高级的程序时(如启动 Web 服务或发布智能手机应用程序时),常用到这些术语。

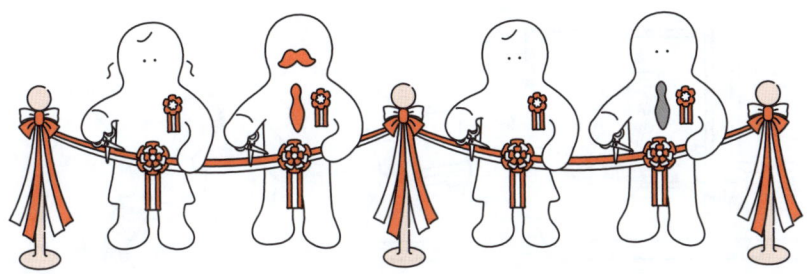

与术语相关的知识

与"项目启动"的区别

开始项目叫作项目启动,具体内容多是召开碰面会议。"启动和发布"的具体内容是指项目结束后向公众开放的过程。

滚动发布

指一点一点地更新软件,版本号没有大的变化,也不需要重新安装软件本体,这种一点一点地追加功能进行更新的方式称为"滚动发布"。

新闻稿

企业向新闻机构和媒体等发布新商品的信息,使更多的人产生兴趣的方法被称为新闻稿。

术语用法示例

"当你启动一个新的应用程序时,也需要把这一信息发布到你的网站上。"

相关术语

转换迁移(Cutover)和业务介入(Service in)······P90

术语 084

转换迁移(Cutover)和业务介入(Service in)

从系统开发结束到用户开始使用

系统开发完成后将公开使用。在这里,"系统开发完成"到"推出"被称为"转换迁移",可以说此刻是开发者的终点。从经营者和使用者的角度来看,业务服务是从这里开始的,也被称为"业务介入"。

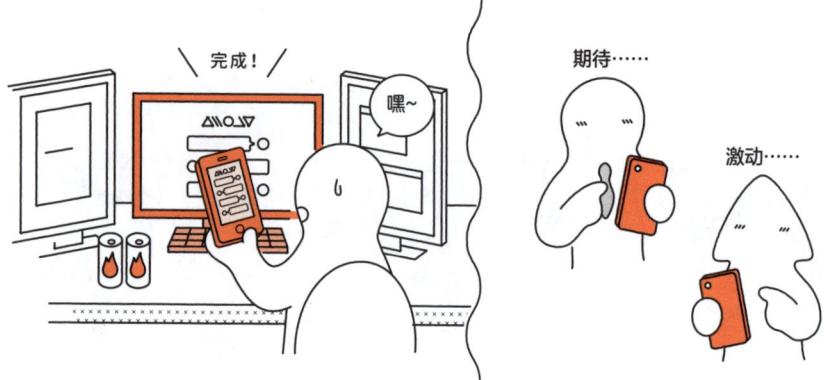

与术语相关的知识

深夜和双休日的对应

由于在版本更新中对现有系统内的数据进行切换时容易发生意外,所以这种行为通常在较少用户使用时进行,例如深夜和周末。

关键路径

关键路径是指设计中从输入到输出经过的延时最长的逻辑路径,如果该路径被延迟,则整个路径也被延迟。

撤销

如果你对数据内容进行了更改,但发现效果不佳,则撤销它的行为称为"还原",可以撤销你之前更改的内容。

术语用法示例

"转换迁移和业务输入的本质是相同的,只是立足观点角度不同。"

相关术语

启动和发布……P89

术语 085

项目管理

按计划推进工作

为了实现开发某一系统等目标的计划被称为项目。为了按计划进行该项目,有必要了解当前情况,如果有延迟,则找出原因并加以处理的过程叫作项目管理。项目管理的目标不仅包括时间表,而且包括成本和人员配备等各个方面。

与术语相关的知识

项目管理指南
PMBOK(项目管理知识体系)是总结项目管理中使用的有效方法的指南。

按金额管理的EVM
EVM是一种用于掌握和管理项目进展情况的方法,其特点是通过把数据信息换算成金额来掌握项目进展情况。

什么是ITIL
ITIL是基于以稳定方式管理IT服务的理念,并积累改进途中总结的有效方法的集合,其中包括许多成功的案例。

术语用法示例

> "这次项目管理做得很好,很顺利。"

相关术语

 WBS ……P92

第3章 商务会议中使用的IT行业术语

WBS

将所需的工作进行细分

在管理大项目时,由于一下子掌握整个项目比较困难,所以要分割成小单位进行管理。这种分解的单位被称为"任务栏",WBS 经常被用作管理每个任务的进度。WBS 是将各工序按大、中、小的顺序分割成树形结构,按时间顺序排列而成,被称为工序表,也称为流程图。

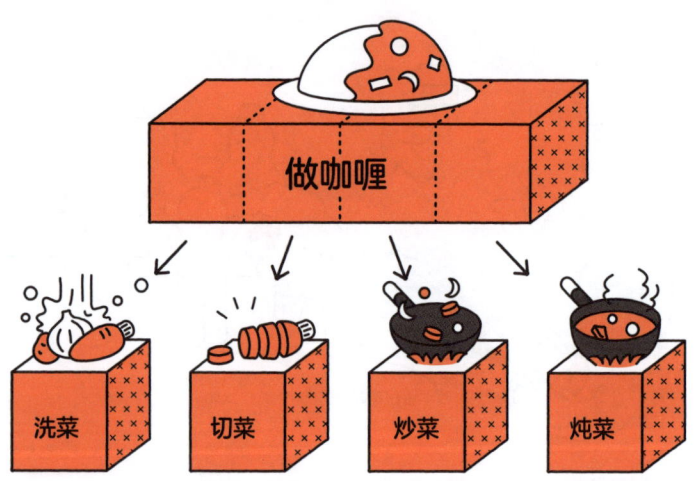

与术语相关的知识

基于工作进度的条形图

在项目管理中,用于可视地表示工作计划和进展情况的图是"甘特图",并且进度像条形图一样通过条形的长度来表示。

基于所需时间的PERT图

PERT图(箭头图)用箭头表示项目每个过程所需的时间,更容易地把握项目关键路径。

什么是路线图

路线图是根据时间序列对未来目标和计划进行的粗略总结,也称为行程表(WBS是流程图),项目表现在图表中的每个节点被称为里程碑(Milestone)。

术语用法示例

"别忘了在今天的工作结束时填写WBS。"

相关术语

项目管理……P91

术语 087

SLA

表示服务的可靠性

SLA 用于评估在云端服务等停止且无法使用的情况发生时，其可靠性、信赖性的指标。假设因维护或故障等导致服务停止，用于就该服务水平在提供者和利用者之间形成协议事项，在低于该保证值时会减少使用费等。

第 3 章 商务会议中使用的 IT 行业术语

与术语相关的知识

开工率是衡量可用性的指标

服务器等可以工作的状态占全体时间的比例称为开工率，如果开工率是99.9%，则表示一年中99.9%是可以工作的状态。

什么是"5个9原则"

如果开工率为99.9%，则一年将停工约8小时，而"五个九"则意味着99.999%，意味着一年只停工约5分钟。

无法满足SLA要求时

如果不满足SLA设定的开工率之类的条件，许多企业将提供退款或减少费用等作为补偿。如果是由于地震等自然灾害则不算在内。

术语用法示例

"请确保您的SLA协议中规定了维护中断时间。"

相关术语

CMS ……P131　　HTML ……P145

93

术语 088

SES

IT行业的一种工作方式

在IT界有一种名为SES的工作方式,具体是指长期派驻在某个现场工作,但不以成果为单位而是以小时为单位支付劳动报酬的形式。此种服务用于用人公司向外部其他公司聘用需要的相关专业人员。例如当A公司在B公司订购服务时,B公司的工程师将常驻在A公司(订购者)进行工作。此时工程师只听命于B公司(订单公司)提出的指示。

与术语相关的知识

承包合同

承诺完成工作并对其工作结果支付报酬的合同中有承包合同。不关注其工作过程,只关注其工作结果,且支付的是固定的金额。

准委托合同

按照合同规定的时间工作,不要求完成工作,取而代之的是提交"工作报告书",且不发生瑕疵担保责任。

派遣合同

派遣合同和准委托合同一样,是不要求在规定的时间内完成工作的合同,其区别在于指挥命令是由发包者来执行的。

术语用法示例

"SES的合同这个月就结束了,所以我得找一份下个月开始的工作。"

相关术语

系统集成商……P29　离岸……P35　SE和程序员……P80

术语 089

素养
作为现代人的一般常识

素养有时也被翻译成"识字",指的是基本能力。这就是所谓的"一般常识",IT行业要求"IT素养"和"信息素养",也被称为"信息活用能力"或"信息活动能力",意思是不仅可以使用计算机,而且可以正确地收集、把握信息并进行分析、选择和灵活运用等。

第3章 商务会议中使用的IT行业术语

与术语相关的知识

数字鸿沟的扩大

收集的信息量和处理信息能力的差异称为数字鸿沟,这意味着每个人(例如不同年龄和地区的人)获得的信息内容和水平都不同。

小心信息操纵

如果盲目接受媒体传播的信息,就有可能受到信息操纵和舆论操纵等影响,这就需要每个人具备相当的媒体素养。

与信息道德的概念差异

信息素养是指信息参与者的基本能力,而信息道德是指使用信息设备和服务的思维方式和态度,也称为"信息伦理"。

术语用法示例

"如果学校不进行IT素养教育的话,孩子们进入社会后会很为难的。"

相关术语

最终用户 ……P96

术语 090

最终用户

为用户着想

最终用户不是软件的开发者或服务的提供者,而是使用所提供的具体内容的人。信息系统部门以外的人自主地操作计算机,开发和运用对自己的业务有用的系统,有时也指"最终用户计算(EUC)"的意思。

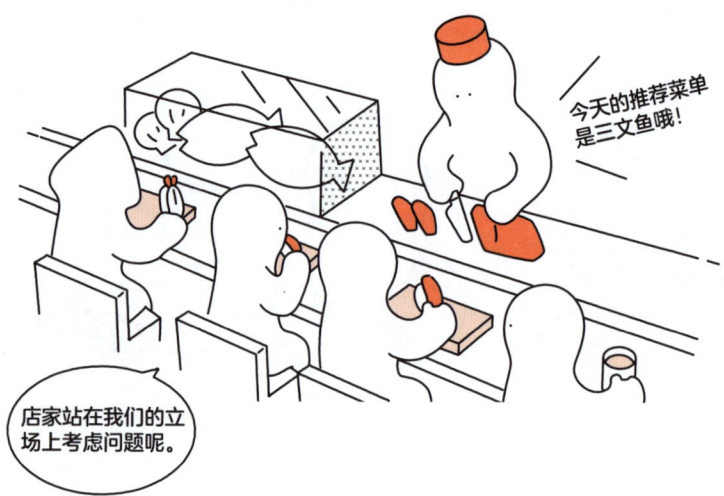

与术语相关的知识

与"当事人(client)"的区别

系统或服务的订购者或请求者称为当事人,但当事人不限于订购者或请求者,而是囊括了所有用户。

与"客户(customer)"的区别

"客户"指的是普通消费者,但更多的是指支付费用的顾客,与仅使用服务的最终用户有所区别。

与"消费者(consumer)"的区别

消费者与最终用户非常接近,但是他们具有强烈的营销含义,指的是普通用户,并且最终用户也包括企业用户。

术语用法示例

 "该系统是否考虑了最终用户?"

相关术语

素养 ······P95　　UI 和 UX ······P107

Fix（固定规格）

不允许更改的规格

确定了软件的规格，并且不允许进一步改动的状态被称为Fix。软件的开发伴随着规格的变更，但是如果委托人永远不决定规格，开发就无法进行，所以包含了固定规格的意思。软件如果发生规格变更，那部分的开发一般是另外收费的。

与术语相关的知识

要求定义和需求定义

在明确客户想要实现的目标后开始施工的方式被称为"要求定义"；从客户需求中总结出要实现的功能和要满足的性能后开始施工的方式被称为"需求定义"。

规格变更的问题点

变更规格书的内容被称为规格变更，需要对正在进行的设计和开发进行重新审视和修正。如果过程中不能取得一致性，最后很容易发生故障。

什么是错误修复

修复软件中包含的bug被称为bug补丁，通称为修复。特别紧急的被称为热修复。

术语用法示例

"如果你不快点敲定Fix，开发就完全无法继续进行，真的很困扰啊。"

相关术语

项目管理……P91

术语 092

权衡

左右为难，不可两全

如果保证了一头，另一头就保证不了，这种情况叫作权衡。在信息安全中，如果试图确保安全性，则便利性可能会受损，并且实现实用化所需的费用也可能变得更高。另一方面，如果控制成本，优先考虑便利性，安全性就会受损。有时也用来表示这种权衡的重要性。

与术语相关的知识

压缩率与图像质量之间的关系

增加图像压缩率以减小数据大小将降低图像质量。相反，降低压缩率可改善图像质量，但会增大数据量。

功耗与处理速度之间的关系

如果尝试提高CPU等处理速度，则功耗会增加，但是如果降低功耗，处理速度便会降低。它还会影响笔记本电脑的电池寿命。

成本与质量的关系

在系统开发项目中，如果你希望压低成本，往往是由技能较低的工程师负责，质量也会较低。如果要提高质量，则相应成本也会增加。

术语用法示例

"权衡这个此消彼长的问题就像玩跷跷板。"

相关术语

信息安全（三要素）……P201

术语 093

可访问性（Accessibility）

全民可用的意识

可访问性是指为了让更多的人使用精心设计出的产品。在面向大众的产品中，考虑到用户的年龄层涵盖儿童到老年，加之性别不同、有无残疾等原因，对所使用的信息设备进行了更多的功能搭载，比如为有视力障碍的人准备了自动朗读功能，或者为某些不能使用鼠标的环境下的设备搭载仅用键盘即可完成所有操作的功能等。

第3章 商务会议中使用的 IT 行业术语

与术语相关的知识

设计方面的审查
为设计优秀的产品颁发的奖项有"好设计奖"，不仅要审查美感，还要审查易用性、安全性、环境负荷等。

网站设计的考虑事项
即使是老年人和残疾人，也可以像正常人一样访问网络上提供的信息，这被称为网络可访问性，有一个名为WCAG的指导方针。

网页内容的"JIS"
JIS X 8341-3 是确保与WCAG一致性的JIS标准，被称为Web内容JIS。这是行政机关的网站等应该遵守的标准。

术语用法示例
"如果产品不能够满足可访问性，就卖不出去。"

相关术语
通用设计（Universal Design）……P31　可用性（Usability）……P100　对比度……P120

术语 094

可用性（Usability）

方便易用是第一理念

"可用性"一词是指"使用上的便利与效率程度"，JIS Z8521 将其定义为"当产品由指定的用户在指定的使用环境下用于实现指定的目标时，其有效性、效率和用户满意度的程度"。不仅是软件，任何产品都必要考虑可用性。

与术语相关的知识

有效性度量

"有效性"是指用户实现指定目标的准确性和完整性，可以通过实现目标、完成目标的用户比例和完成准确性来衡量。

效率度量

效率是指用户花费在实现目标的准确性和完善性上的资源，并通过完成所需的时间、单位时间内完成的工作和成本费用来衡量。

满意度度量

满意度是指没有不愉快的感觉，以及对产品使用的肯定态度，可以通过自主使用的频率和感到不满的频率等来衡量。

术语用法示例

"改变屏幕设计以提高可用性。"

相关术语

通用设计（Universal Design）……P31　可访问性（Accessibility）……P99

默认

许多用户按初始设置的状态使用着

由软件准备作为初始设置的常规设置值称为默认设置。由于计算机有各种各样的使用方法，每个人的使用方法都不一样，因此大多数软件允许用户更改设置。但由于重新设置所有内容是困难的，因此人们通常使用初始设置的值。

与术语相关的知识

与初始值的不同

最初设置的值被称为初始值，而在没有改变任何设置的情况下使用的值被称为默认值。在某些情况下，两者值可能有所不同。

"自定义"的好处

软件用户通过定制，而不是照搬沿用默认值，可以进行更适合自身的设置。在开发方角度，与制作多个产品相比，开发方可以通过增加自定义功能减少开发工时。

安全问题

如果使用产品出厂时设置的默认ID和密码，则其中一些功能将使用相同的值和初始的规则被简单地创建，很可能会被其他人盗用。

术语用法示例

"这个应用程序的默认设置也很好用，很方便。"

相关术语

事实标准……P87　属性……P226

阈值

判断的标准

在对给定数据进行分类时使用的作为边界的值被称为"阈值",有时也写作"阀值"。例如,在将数据划分为 0 或 1 的情况下,如果要将 0.3 的数据设置为 0,将 0.8 的数据设置为 1,则使用中间值(如 0.5)作为判断阈值。在某些具体应用,如在监控领域中,如果超过阈值,则会发出警报。

与术语相关的知识

结合数据进行判断

阈值需要根据实际发生的数据来判断。因此,有时根据每天观测到的数据来动态地改变阈值。

阈值设定的难度

如果阈值设置过低,则容易发出大量警报从而难以对应;如果阈值设置过高,则可能导致不会触发警报而失去监视的意义。

机器学习中的阈值

在机器学习等领域,阈值的设定也很重要,改变该值会使结果发生很大变化。有时,该阈值的协调情况将决定任务成败。

术语用法示例

"我将根据流量消耗情况设置警报,但是这个阈值定为多少呢?"

相关术语

(模拟)……P104 (分组过滤)……P197

术语 097

更新（Replace）

更换为新系统

指在长期使用的当前系统中，由于（系统服务方）支持结束或新产品的出现而需要更换为新系统时，用新系统替换旧系统的操作。这个概念不仅对硬件适用，对软件同样适用。但由于需要数据迁移等，其难度比升级系统更高。

第 3 章 商务会议中使用的 IT 行业术语

 与术语相关的知识

锁定（Lock-in）

往往由于现有系统中使用的技术只能在特定的供应商使用，所以不能换到其他供应商，这种情况被称为锁定。

了解 TCO

系统的总拥有成本称为 TCO，即从计算机安装到维护的总成本。增加更换频率会影响总拥有成本。

生命周期

从信息系统的开发到其运行和淘汰的流程称为生命周期，它也影响更换的时机。

术语用法示例

 "那台服务器已经老了，所以我必须考虑更新它。"

相关术语

旧版迁移（Legacy Migration）……P122

103

术语 098

模拟

在某些限定条件下的仿真实验

在开发或引进新系统之前,用各种数据对其运行状态进行试验和验证,以确定理论上是否存在问题,这被称为模拟。在实际制作系统需要费用的情况下,如果通过手动或用计算机软件进行模拟尝试,就可以廉价地完成验证,能够降低实际运行中出现问题的风险。

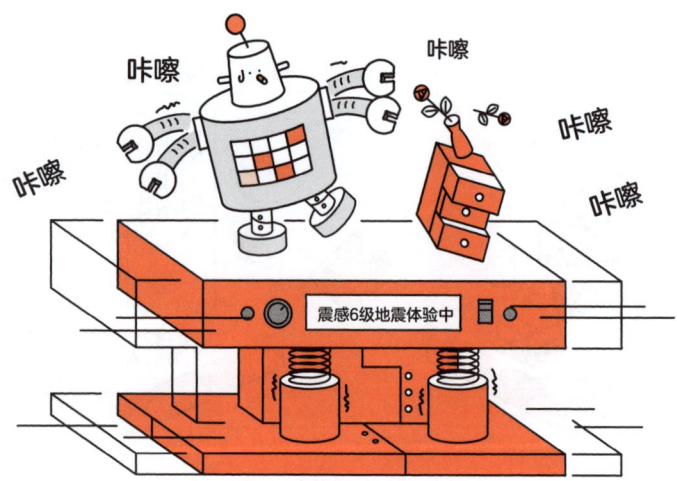

与术语相关的知识

CG
在计算机内对实际物体的外观进行建模,并将模拟结果以图像或动画等形式输出,这被称为CG。多指三维影像。

模仿计算机运行的"模拟器"
模仿计算机等机器的设备和软件称为"模拟器",而"模拟"是使它们以与真实事物相同的方式运行的行为。

训练用的"模拟器"
除了验证用途外,也用于载具驾驶等技能的初学者的训练中,过去必须在现场训练的汽车和飞机等的操纵训练也得以廉价实施。

术语用法示例

💬 "让我们模拟一下新产品的效率。"

相关术语

阈值 ⋯⋯P102

原型品

试做的成品

在准备制作新产品时，为了形成视觉气氛而事先制作画面示意图等被称为原型。因为如果直接进入批量生产，一旦发现了问题，损失就会很大，做原型品的目的是防止出事了再走回头路。即使它对实际生产没有很大用处，但在产品外观上具有参考意义。

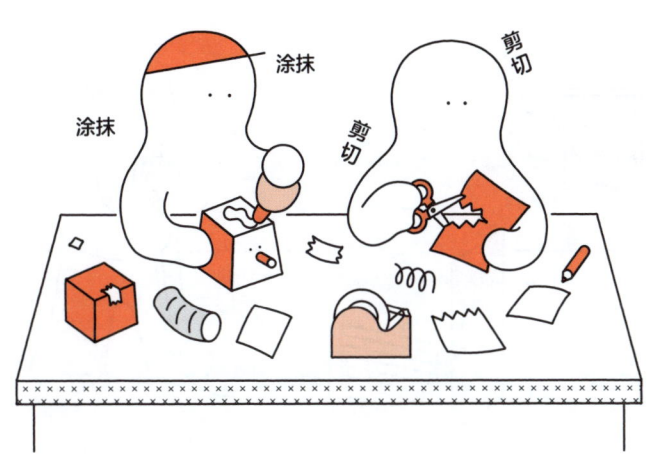

与术语相关的知识

防止认识上的偏差

通过在早期阶段创建原型，使其成为图像的形式，在视觉上直观可见，防止了相关人员的识别偏差。

与小样的区别

小样一般是按照外观制作的实体模型。它不起功能作用，仅提供外观参考。

与试点开发的区别

在引入新产品时，如果突然在全公司范围内引入新产品，则存在很大的风险，但是可以通过先在某些部门引入，进行试点开发来抑制这种风险。

术语用法示例

"让我们制作出符合客户需求的原型。"

相关术语

线框图和设计原型……P152

接口

不同事物之间的连接

将人类连接到计算机，或将一个设备连接到其他设备的 / 部分称为接口（interface）。连接到计算机的设备（如键盘、鼠标和网络电缆）的接口需要制成固定的形状。而对于人类和计算机（而不是设备之间的情况）的连接方式，此时的 interface 称为"用户界面"。

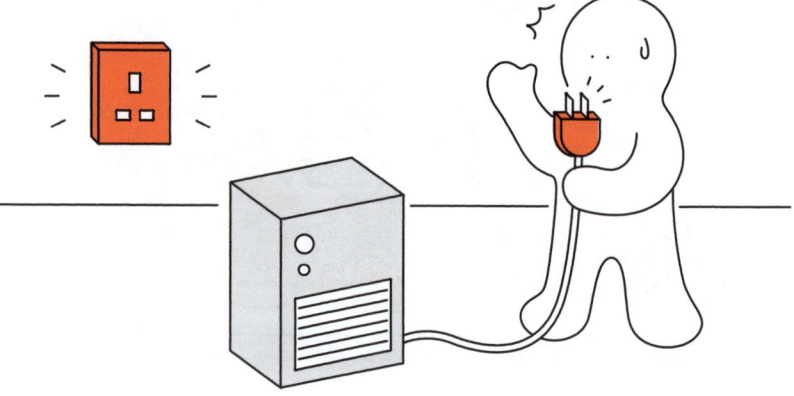

与术语相关的知识

感官界面

考虑到人和计算机之间的接口，目前主要使用的是视觉、听觉和触觉，今后还可能会使用嗅觉、味觉等方法。

界面的变化

对于连接多台设备而言，之前每个设备都有各自独有的接口，但最近有一统为 USB 接口的趋势。

连接软件

不仅人和硬件、硬件之间有连接，而且软件之间交换数据也有连接，如 API 等。

术语用法示例

"如果接口是相同的，那么不同公司的产品之间应该也可以互用。"

相关术语

串行和并行……P77　　适配器和转换器……P81

术语 101

UI和UX

从使用者的角度考虑

计算机与人的交互方式被称为UI，它需要便于使用的设计和高度的可操作性。过去，我们只能通过键盘操作电脑的CUI，而最近使用鼠标来操作带有图标界面的GUI。通过从用户角度考虑的UI，用户在使用产品过程中的个人主观感受被称为UX。

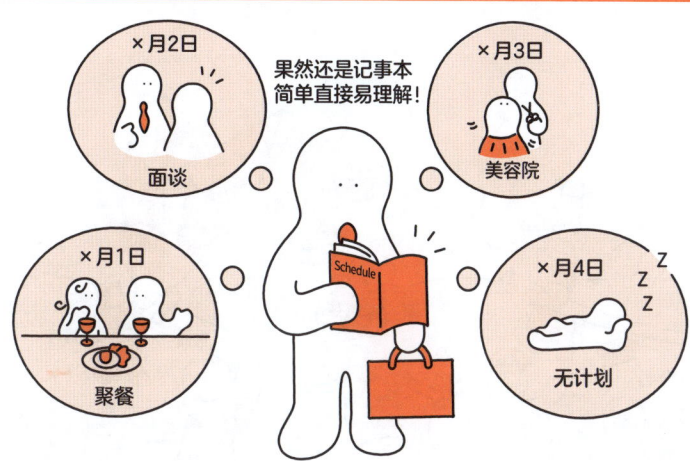

与术语相关的知识

依靠键盘控制的CUI

从键盘输入命令进行操作的UI称为CUI。虽然不能进行直观的操作，但是可以用简单的命令来执行重复的操作。

使用鼠标等设备的GUI

使用带有图标和菜单等元素的简易懂的界面，通过鼠标和触摸操作传达指示的UI被称为GUI，最近被PC和智能手机所采用。

增强的UX功能

在Web的输入表单等方面，自动补全功能等用于辅助输入的功能实现了更方便的UX。

术语用法示例

"该产品的用户界面经过深思熟虑，我对它的UX感到满意。"

相关术语

……P96　……P106

术语 102

事故和故障

妥善处理纠纷

当计算机发生故障时,导致计算机进入不能使用的状态,影响很大,因此把这种用户想使用却不能使用的状态称为"事故",需要进行处理。此时出现的具体问题称为"故障"。例如,由于硬盘故障的发生而导致用户的设备无法使用,则定义为事故。

与术语相关的知识

故障响应和报告

对于用户来说,比起调查故障原因,使其恢复到使用状态更为重要。很多情况下,只要事后报告原因就足够了。

防灾准备 BCP

对于地震之类的意外情况,需要致力于保证最小的业务连续性。BCP 是系统已停止时的对策和目标恢复时间的初步计划。

安全组织

CSIRT 是一个组织,负责在公司等组织的各个部门之间开展与安全相关的工作,并分析失败的原因和评估影响的程度。

术语用法示例

 "如果发生网络故障,请将其作为事故报告。"

相关术语

 内部控制 ……P30   系统监控和安全监控 ……P202

渠道

有效地吸引客户

如果你经营了一个网站，就需要使用各种媒体进行宣传，例如在电视、广播和实体商店展示以吸引大量的客户。这种吸引客户的媒介和途径称为渠道。近来，出现了"全渠道"这一术语，指通过因特网在内的所有媒体来接近、吸引用户。

与术语相关的知识

O2O对于营销至关重要

线上线下的合作被称为O2O，例如通过网页引导顾客来到实体店，并在网络上提供可以在实体店使用的优惠券。

"展厅现象"

"展厅现象"(Show Rooming)是对先在商场看好商品进行体验，然后上网搜索最低价进行购买的现象，据说O2O可以防止这种情况。

位置信息和与SNS的合作

不仅要有多个渠道，还要想办法向店铺附近的顾客通过定位信息等方式分发优惠券，并以低成本将其提供给优惠券的顾客。

术语用法示例

"我想让你更多地关注这个产品，所以我要开拓新的渠道。"

相关术语

全渠道 ……P121

潮词（Buzzword）

短时间流行起来的热词

SNS 等软件中经常使用的单词被称为潮词，在 IT 行业中可以说是"流行术语"。往往起源于 SNS 等软件，有时被称为"让蜂群鸣动的词（buzz）"，后来被用来形容有大量的人认同并频繁使用的人气词语。其中还有一部分是高级专业的术语（行话），但对普通人来说，该术语含糊不清，其定义通常不清楚。

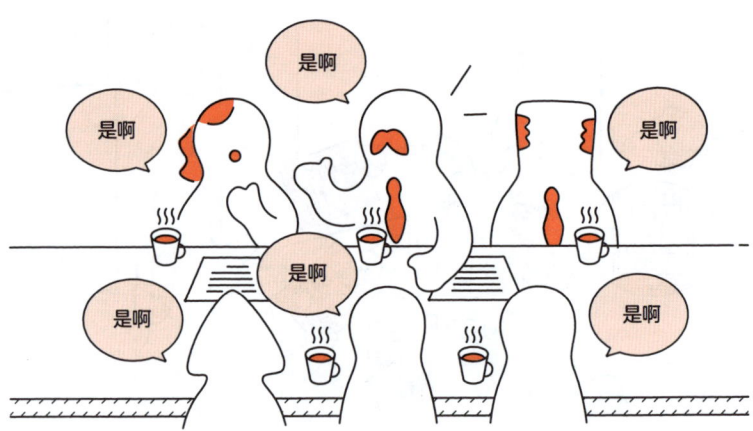

与术语相关的知识

口碑营销

利用社交媒体使用口碑效应的营销方法被称为口碑营销，这种营销中经常利用名人效应。

潮词案例

在过去，就有了"多媒体""无处不在（Ubiquitous）""Web2.0""云""大数据"等潮词，并且其中许多潮词至今仍常用。

最近的潮词案例

最近经常听到的词"IoT""金融科技""区块链""RPA"等，有时也被作为潮词使用。

术语用法示例

"我们的社长说话总是用潮词，有点难以接受。"

相关术语

(IoT)……P4　(大数据)……P5　(金融科技)……P6

URL和URI

互联网上的文件位置

在浏览网站时,以 http 或 https 开头的地址被称为 URL,用于指定网站的位置。以这种方式,除了表示位置(Location)的 URL 之外,还存在表示名称(Name)的 URN,并且这些 URN 的组合被称为 URI。

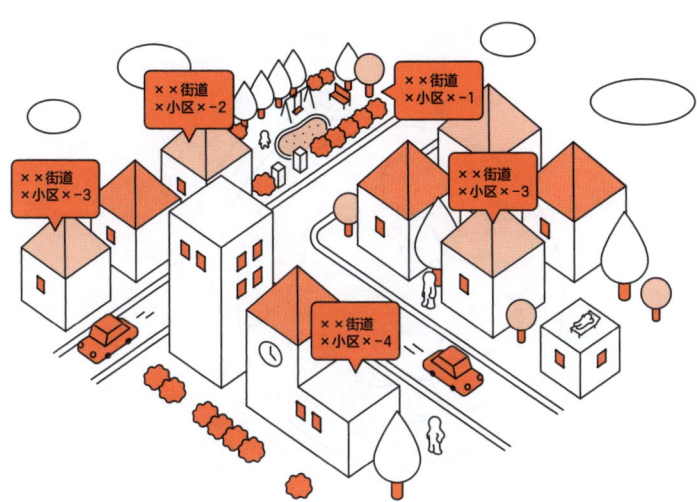

与术语相关的知识

URL 中的方案名称
URL 通常以 http 或 https 开头,这是一个方案名称,并且通常使用 ftp、mailto、file 等。通过这个指定方案可以启动适当的应用程序。

与FQDN 的区别
在 URL 中,像 sina.com.cn 这样连接主机名和域名的部分被称为 FQDN,可以在因特网上确定 Web 服务器的位置。

区分大小写
URL 的 FQDN 部分不区分大小写,但文件路径部分通常区分大小写*,因此建议使用小写字母。

术语用法示例

"那个网站的网址太长了,很难记住啊。"

相关术语

HTTP 和 HTTPS ……P112

*基于Windows的Web服务器则无区别。

HTTP和HTTPS

传输内容

用于浏览网站的协议是 HTTP，它是传输超文本的协议。超文本是指以 HTML 书写的文档，是指具有通过点击链接可以一个接一个地跳转到其他页面的机制的文档。HTTPS 是在 HTTP 中添加加密等安全功能的协议。

与术语相关的知识

HTTP状态代码

当访问 Web 服务器时，它不仅返回所请求的 Web 页面的内容，而且还返回称为状态代码的三位数字。

状态代码分类

100号台是信息，200号台是成功，300号台是重定位，400号台是客户端错误，500号台是服务器错误。通过该值会改变浏览器的处理状态。

HTTP的方法

从 Web 浏览器到 Web 服务器的请求类型中有一些专用请求方法，例如 GET 获取页面内容和 POST 发送数据。

术语用法示例

 "我以前使用的是HTTP，但为了安全起见，我想改成HTTPS。"

相关术语

(Cookie)……P147 (SSL 和 TLS)……P194

接入点

连接到无线局域网

无线 LAN 的中继站称为接入点。由于接入点通常是有线网络，因此可以说中继站是在无线 LAN 和有线 LAN 之间转换的设备。要连接到无线 LAN，需要进入来自接入点的电波到达的范围，有时也被称为"路由器"。最近出现了可以携带的移动路由器。

信号发射中

 与术语相关的知识

标识无线局域网的 SSID

当附近有多个无线信号接入点，且每个接入点都在正常发出无线电波，为了对其加以辨识，需要给出一个"名称"以标识要连接的无线局域网。该"名称"称为 SSID。

接入点过多会相互干扰

如果附近有许多使用相同频带的接入点，则无线电波可能会受到干扰，网络传输速度可能会降低。

必须设置加密

如果未在接入点上设置加密，则存在通信内容被盗的风险，因此必须选择并设置适当的加密方法。

术语用法示例

 "家里的接入点无线电波很弱，而且速度很慢。"

相关术语

WEP 和 WPA ……P195

吞吐量和流量

据此可了解通信拥塞情况

计算机或网络在一定时间内的处理能力被称为吞吐量。多用于网络,是指每单位时间传输的数据量。另外,在网络上执行的通信量称为网络流量,其充当调查通信线路的利用状况的参考,通常写为"流量"。

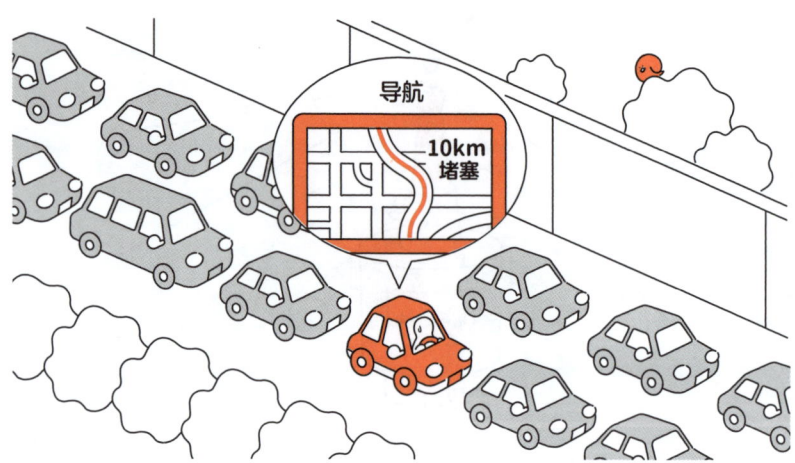

与术语相关的知识

吞吐量的计算

在每秒可传输1MB的情况下,吞吐量为8Mbps(1字节=8比特,因此1MB为8M bit)。

吞吐量下降

随着流经网络的数据量增加,流量自然会增加,并且发送数据所花费的时间也会增加。这种情况称为吞吐量下降。

流量单位Erlang(呼叫量)

业务密度称为呼叫量,是指单位时间内线路的占用量。Erlang是呼叫量的单位,表示为.erl。源于倡导者的名字。

术语用法示例

💬 "流量越来越多,吞吐量越来越低。"

相关术语

ADSL 和光纤 ……P41　ISP(互联网服务提供商)……P186

代理服务器

通信的"代理人"

代理访问网站等服务器称为代理服务器。通过使用代理服务器,可以在多个计算机访问同一站点时,保存第一次访问时的数据,以便在下一次和以后访问时高速显示数据。另外,为了安全起见,它有时用于隐藏如访问计算机的 IP 地址之类的信息。

与术语相关的知识

网络隐语中的"翻墙"

所谓翻墙,是指绕过相应的 IP 封锁、内容过滤、域名劫持、流量限制等,实现对网络内容的访问。境外公司曾发布几款突破网络封锁以访问海外敏感网站或邮件的翻墙软件。

用于监管目的

通过代理服务器,可以检查从公司内的计算机访问公司外网站时传输的内容,因此也用于监管目的。

反向代理的作用

代理服务器代表 Web 浏览器,而反向代理代表 Web 服务器,起到安全和负载平衡等作用。

术语用法示例

"为了提高安全性,请部署代理服务器。"

相关术语

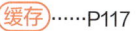

主目录和当前目录

层次移动的基点

登录时首先显示的目录称为主目录。而正在进行操作的目录称为当前目录，在 Windows 中有时称为工作文件夹。处理文件时，当前目录也会更改，因为目录所在的程序已被更改。

 与术语相关的知识

支持多个用户的主目录
当多个用户登录同一计算机时，会为每个账户准备主目录。

相对路径中的指定规范
当表示相对路径时，可以使用"."明确指定它是来自当前目录的相对路径，如"./abc/def"。

当前目录的显示
要获取并显示当前目录，在 UNIX 的 OS 上执行命令 pwd，而在 Windows 上执行不带参数的命令 cd。

术语用法示例

💬 "你正在使用的当前目录是我的主目录。"

相关术语

文件夹和目录 ……P57　　绝对路径和相对路径 ……P58

缓存

保存你曾经使用的内容

在操作计算机时，计算机会把读出的数据暂时存储在高速缓冲存储器中，称为缓存。与 CPU 相比，作为计算机内存的存储器速度较慢，而作为计算机硬盘等辅助存储设备则速度更慢，所以避免从较慢的设备反复读出相同数据时往往使用高速缓存。比如在浏览 Web 网站时，Web 浏览器也可以将浏览过一次的页面保存在 Web 浏览器的缓存中，下次打开同一页面时可以更快。

与术语相关的知识

缓存的效果

CPU 和存储器之间有高速缓冲存储器，下次再利用从存储器读出的数据时会优先从高速缓冲存储器中提取，由此提高 CPU 的处理效率。

DNS 中使用的缓存

高速缓存也适用于从域名中找到 IP 地址的 DNS 服务器，并且可以通过保存曾经查询过的内容来提高域名解析速度。

使用缓存时的注意事项

虽然高速缓存可以高速处理数据，但需要注意的是，如果高速缓存中剩余的数据信息，这些信息即使对应的数据源被更新，也不会自动同步，而需要更长时间（比如再次访问时）才会被同步更新。

术语用法示例

 "如果你不清除缓存，你就不会显示最新的内容。"

相关术语

域名和 DNS ……P45　　代理服务器 ……P115

存档

妥善保管旧数据的方法

将旧数据保存在专门的位置,或将多个文件整理在一起的方法称为存档。我们往往会把经常使用的数据留在身边;而旧的数据不一定马上就需要,但又不能随意删除,如果将其保存在专门的位置,就增加了磁盘的空闲空间。另外,在汇总多个文件的情况下,多与"压缩"结合使用。

与术语相关的知识

与备份的区别

备份的目的在于防止数据丢失,而存档目的在于长期存储。也就是说,备份以故障为中心,而存档则是把文件进行整理、存储并保持随时可用的状态。

压缩和解压缩软件配套的存档程序

在制作档案时使用的软件被称为档案器,最近多指进行压缩和解压缩软件。

浏览过去的网站

Internet Archive 是一种服务,可以查看因为更新等原因已经消失的网站或过去的网页的内容和历史记录。

术语用法示例

"如果你把你不常用的电子邮件归档,就可以集中精力处理最近的电子邮件了。"

相关术语

无损压缩和有损压缩 ……P59

术语 113

抓取

采集数据的一种方式

抓取是对网页等输出的数据进行快速"捕获"的一种方式。将显示在屏幕上的内容另存为图像称为"屏幕截图",也称"截屏""屏幕快照"等,而取出网络上流动的通信数据称为"数据包抓取"。录制视频时,可以使用专用的视频抓取工具。

第3章 商务会议中使用的IT行业术语

 与术语相关的知识

如何抓取屏幕
在Windows系统下,可以通过按PrintScreen键来抓取屏幕。另外,可以通过Snipping Tool等方便的软件进行指定范围的截屏。

视频截取
如果你想在玩游戏的同时录制屏幕,Windows 10已添加了使用Win+G组合键捕获视频的功能。

数据包抓取
如果发生故障(如无法发送电子邮件),则可以通过捕获网络上的数据包来调查原因。

术语用法示例

 "让我们截取屏幕以制作演示材料。"

相关术语

分组过滤 ……P197

119

术语 114

对比度

让明与暗对比更加分明

比较多个对象（图像）时，如果色差看起来很大，则称为"对比度高"。在画面中白色和黑色共存时，可以说"明暗对比度高"，在自然环境的影像中，如果有蓝天和红叶同框，也可称为"对比度高"，光和阴影的部分也可称为"对比度高"。"对比度高"也可以说是"张弛有度"。

与术语相关的知识

连续的颜色变化

颜色一点一点地变化被称为渐变，用图像处理软件制作时，经常使用线性或放射状的颜色变化方法。

与亮度的不同

亮度有专用的单位，数字越大意味着画面越亮，而对比度则表示多种颜色之间的亮度比例和颜色差异。

护眼模式的推广

最近，各种系统相继为用户推出了可自由设定"黑暗模式"的功能，据说通过降低对比度，可以防止用户的眼睛产生疲劳，即为护眼模式。

术语用法示例

"调整图像的对比度，以使其融入设计。"

相关术语

可访问性（Accessibility）……P99
质感设计（Material Design）与扁平化设计（Flat Design）……P163

全渠道

考虑多种销售渠道

作为与顾客的接触点，除了实体店、传单广告、电视广告等，在线的 SNS、电子邮件杂志等所有媒体都可以被组合使用。这样既提供信息和服务，又将多个销售渠道联动起来以便顾客顺利完成购物的营销模式叫作全渠道营销。全渠道营销的一大好处是可以统一管理顾客的信息、商品库存和物流等。

 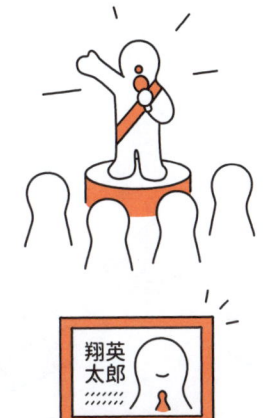 

与术语相关的知识

与多渠道营销的不同

多渠道仅指加设店铺门面，通过多家店铺等与顾客接触并开展营销，而全渠道营销则是让顾客在店铺门面和网络线上等所有的接触点都能有相同的购买体验。

与跨渠道营销的不同

跨渠道营销仅实现了将实体店铺和线上网络等进行合作营销，但系统与系统之间无法合作，只能单独运行。全渠道营销中的系统之间是可以合作的。

Click-and-Mortar

既经营实体店又经营电子商务网站的零售业营销方法被称为 Click-and-Mortar（线上线下相结合）。

术语用法示例

"在网络社会，开展全渠道模式是市场营销的必要条件。"

相关术语

 ……P109　 ……P126

旧版迁移(Legacy Migration)

改造旧系统

我们需要将旧的中央处理机或旧电脑中的系统进行更新换代。考虑到有些特定的厂家制作的电脑和其特定的系统是相互绑定的,无法兼容其他品牌系统,这样后期维护等需要大量费用,所以在改造旧系统时,通过采用新型的开放标准制作的系统,可以提高自由度,以达到降低长期维护成本等目的。

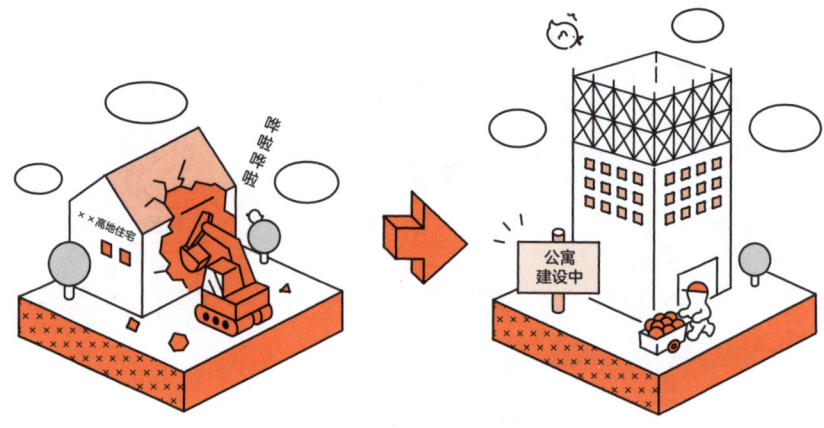

与术语相关的知识

一种以现代风格进行改造的方法

不是简单地取代旧的信息系统,而是使用最新的技术使其使用起来更加方便,这被称为现代化改造(Modernization)。

"重新托管"

在不改变现有程序的情况下,将运行的硬件迁移到开放环境中称为重新托管(主机迁移),这是旧版迁移的一种方法。

"重写"

在不改变业务规范的情况下改变操作系统和数据库,根据环境重写源代码的方式被称为重写(Rewrite),是旧版迁移的一种方法。

术语用法示例

💬 "旧版迁移的成本太高了。"

相关术语

中央处理机 ……P33　更新(Replace) ……P103

RFP（需求建议书）

系统开发业务的必需文件

RFP（需求建议书）是指在开发新的信息系统或委托业务时，向订购方的企业提出建议的文件。上面写明想要引进的系统的概要、交货期、其他限制等，订购方的企业根据该文件提出具体的建议。根据提案内容，用于选择订货方。

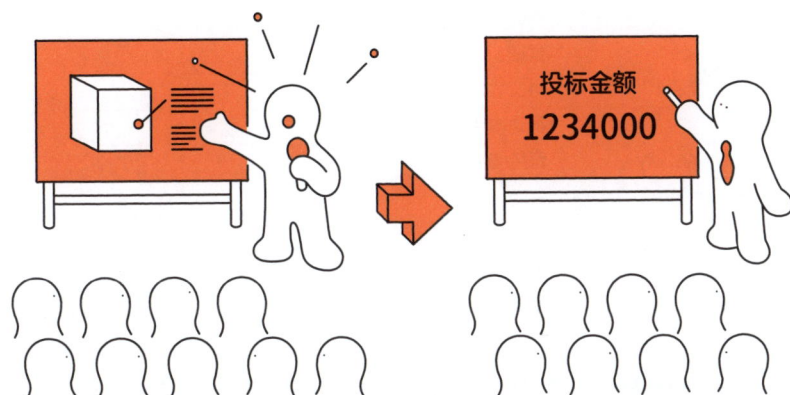

与术语相关的知识

明确功能要求
RFP 要明确业务流程和处理内容等过程、处理的数据、系统间的界面和画面、表单等功能要求。

考虑非功能性要求
RFP 不仅要讨论功能要求，还要讨论可用性、效率性、可维护性等质量和安全性等非功能要求，并进行明文规定。

如何评估RFP建议
在收到多个供应商的建议之前，重要的是预先确定选择条件和评估项目。不仅是功能和价格，而且要对可信度、体制、前景等进行综合评价。

术语用法示例

"你得先看看RFP，才能估算出金额和开发时间。"

相关术语

 ……P29

被滥用的英语

在进行商务会议时经常使用的词语中有很多英语。明明中文更容易理解，却硬要使用英语。例如，下面的表格中列出了这些词。

英语	中文
Agree	同意、接受、承诺
Assignment	分配、任命
Agenda	议题
Alliance	联盟、合作
Issue	挑战、问题
Evidence	根据、证据
Consensus	协议
Ability	行动特性、姿态和积极性
Sustainability	可持续性
Judgment	决定、判断
Budget	预算
Matter	担当、责任
Resume	摘要、简历

上面这些词其实都与 IT 无关，但是我们经常遇到这些单词，可能是因为 IT 界经常会使用英语交流。在公司内部使用的频率很高。所以需要注意，当与公司外部的人交谈时，很可能（因为工作时的交流习惯而导致）无法正确传达意图给别人，要避免这一点。

同时注意业务英语的缩写

其他像"ASAP：越快越好（As Soon As Possible）""FYI：供你参考（For Your Information）""TL, DR：太长，不看（Too Long, Didn't Read）"等使用缩写的词（有时在电子邮件中会碰到），最好不要随意使用。

第4章

用于创建网站和运营SNS的IT术语

术语 118~156

EC

互联网上的交易

EC 指电子商务,即通过网络销售商品或服务,也被称为网上购物。为交易而制作的网站被称为"EC 网站"。一方面,对于营业者来说,网络商店不需要准备实体店铺,能够以更廉价的成本开店;另一方面,如何吸引顾客成为难点。另外,因为顾客是通过参考店家上传的照片购买的,所以存在"与实物不符"等纠纷隐患。

与术语相关的知识

自有电商网站的利弊

如果自己拥有电商网站,那么揽客、结算、配送等活动都需要自己付成本,但自有电商网站可以自由宣传而不需要缴纳电商平台的系统使用费等。

购物中心型电子商务网站的利弊

当在购物中心型电子商务网站上开店时,由于使用了企业方准备的商品,可以减轻吸引顾客等工作负担。但是需要支付系统使用费,经营自由度较小。

B2B 和 B2C 市场

企业间的交易被称为B2B,需要请示、审批等,需要很大的时间成本。与此相反,企业和消费者之间的交易被称为B2C,其特点是交易便捷,所需的时间周期短。

术语用法示例

"在电商网站上购物,还能送到家里,真是方便啊。"

相关术语

长尾库存管理……P14　渠道……P109

联署会员

通过网站平台帮助广告商实现广告投放以获得收入

广告商通过网站平台实现广告投放，广告商则按照网站上广告的实际效果（如点击量和商品销售量）向联署会员支付广告费用的方式被称为联署会员（Affiliate）方式。现在很多家庭主妇或公司职员在其个人博客上投稿时，也常常会植入商家的广告链接以求获得收入。但事实上，没有足够多的访问量，很难获得可观的收入。

这种广告无处不在啊！

与术语相关的知识

ASP中介服务

现在在做营销推广时，无须到处寻找广告商签订协议，可以选择和作为中间商的ASP业务运营商签约，一样能达到发布广告的目的。

对广告商的好处

通过联署会员方式投放广告，可以用比电视广告更低的成本来实现更好的曝光率，风险也更小，从而使营业变得更加顺利。

报酬的支付方式

报酬的支付方式主要包括基于绩效付费（根据产品销量和平台程序中支付的金额支付报酬）和基于点击量付费（根据点击量支付报酬）等。

术语用法示例

"能不能在博客里植入广告链接来赚钱呢？"

相关术语

SEO 和 SEM ……P128　印象数……P135　PV（页面浏览量）……P136

术语 120

SEO和SEM

显示在搜索结果前列的办法

SEO 是指为了增加用户对公司网站的访问量,通过增加公司网站的链接数、在网站内的文章中嵌入更多关键词等方法,使搜索引擎上的本公司网站链接显示在搜索结果顶部而采取的一些技术手段。其中包括刊登广告等方法,也被称为 SEM。

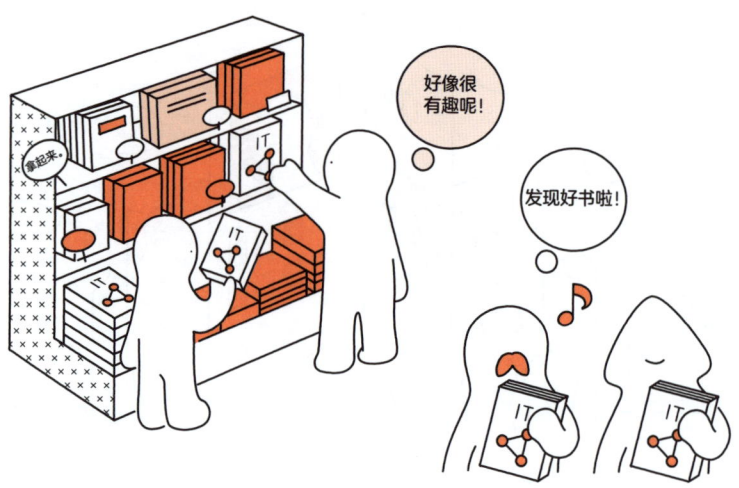

与术语相关的知识

增加反向链接的数量

链接到站点页面的数量被称为"链接数量",而指向你网站链接的页面数称为"反向链接数量",通常具有大量链接的页面显示在较高位置,因为它们被普遍认为是可靠的。

访问分析

调查访问管理的网站的日志,并统计阅览者的页面转移和使用的 PC 的环境等,这种分析也被称为访问分析。

Web 上的广告推送

广告商在页面上准备了将要推送的广告列表,然后通过追踪访问带有广告的用户的行动记录,来重新定位广告。

术语用法示例

"因为想让更多人访问我们的网页,所以必须努力做好SEO工作。"

相关术语

联署会员 ……P127　　印象数 ……P135　　PV(页面浏览量) ……P136

术语 121

策展（Curation）

根据特定的主题收集信息

按照特定的主题收集互联网上的信息，并集中上传、公布的服务及其手法被称为策展。由于互联网上的信息太多，用户很难一并找到所需的信息，因此也出现了以个人身份围绕某些信息建立的"主题网站"。近期还出现了使用 AI 技术对信息进行总结的网站或应用程序等。

与术语相关的知识

擅自转载的问题

有一些策展站点，它通过复制原始站点的文本和图像来构成自己的页面内容。如果未经许可转载，则存在侵犯版权的风险。

文章的内容是否可靠是问题

有很多网页到处拼凑其他网站的信息来形成自己的内容；还有很多廉价撰稿人写的低质量文章，其内容很不可靠，这都是需要解决的问题。

与"网站汇总"的区别

把来自多个网站的信息集中起来称为汇总。有新闻汇总、银行账户的汇总等。

术语用法示例

"搜索结果中总是出现汇总的网站，真让人头疼。"

相关术语

(HTML) ……P145　(内容) ……P155

社交媒体和SNS

将人与公司联系起来的服务

任何人都可以发布和共享信息的媒体被称为社交媒体。为了促进这种交流而创建的服务就是 SNS。过去发布信息的人是有限的，但随着博客等软件和系统的出现，任何人都可以投稿发布信息。

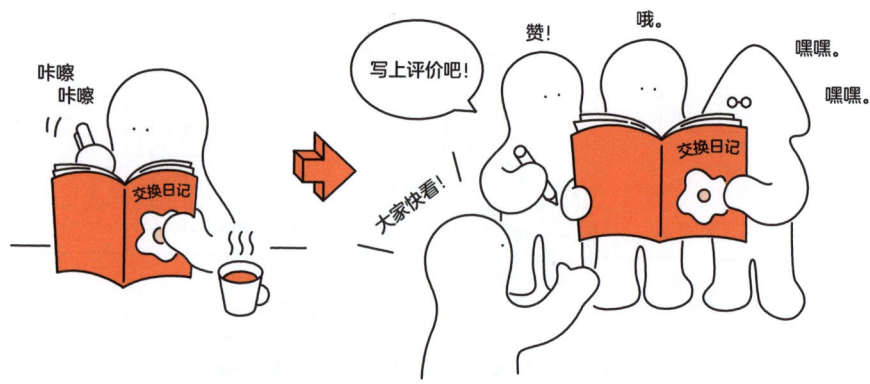

与术语相关的知识

注意保护隐私
在发布带有个人信息的内容时，要注意所写内容的隐私程度，发布后有可能被意想不到的人看到和传播。

位置共享风险
在 SNS 上有定位等功能，可以共享自己去过的地方等。但是因此可能出现被跟踪等危险，因此在共享时要多加注意。

谨防虚假账户
在 SNS 上，可能存在假冒本人发布的信息，因此在看待这些信息时，要注意鉴别其作者和发送者是不是"机主本人"。

术语用法示例

💬 "我不清楚，因为现在的博客和SNS等社交媒体太多了。"

相关术语

内容 ……P155　　OGP（社交图谱协议）……P161

CMS

帮你轻松地更新网站

CMS 是一种让网站信息的更新工作就像发布博客一样容易的机制。我们在维护公司主页时，常常为了减少更新时间而使用特定的模板布局，这时只需输入固定格式的投稿文章就可以完成网页文章和图像的上传和更新了。

与术语相关的知识

常用的 WordPress

WordPress 是著名的开源 CMS，以类似博客的可操作性、丰富的设计和方便的插件而大受欢迎。

面向 EC 的 EC-CUBE

如果想做网店，经常会用到 EC-CUBE，这是一款具备支付、管理等丰富功能的开源 CMS。

静态网站生成器

尽管 CMS 需要数据库和用于编程语言的执行环境，但现在，自动生成网站的静态网站生成器引起了人们的注意。

术语用法示例

"你之所以使用 CMS，是因为 Web 网站的更新很辛苦，对吧？"

相关术语

租赁服务器……P143　HTML……P145　内容……P155

术语 124

LP（引导页）

访客访问时最先呈现出的页面

LP（引导页）指访问网站的访客基于搜索结果等首先被导入浏览的页面。多指为了接受商品购买、服务申请等而制作的一页纵向长页，只需"滚动"即可获得所需信息。由于其是以购买和申请服务为前提，所以为了留住访客，避免访客轻易地跳转到其他页面，通常这种页面上能够点击到外部页面的链接等设置得也较少。

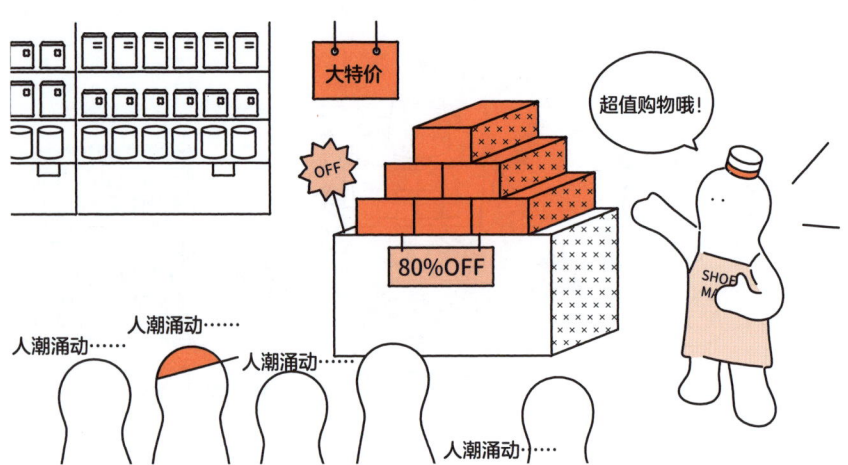

 与术语相关的知识

角色的定位很重要

创建LP时，角色的定位非常重要。因为如果你不考虑该页面将要面对什么样的客户，引流效果将大打折扣。

屡试不爽的"客户点评"

除了介绍商品的特征、价格等，通过在页面上大量刊登购买者和使用者的信息反馈来提高该商品和公司的可信度也是常用的引流手法。

用于快速吸引顾客

普通的商品宣传网页通常要花费时间通过SEO工作来增加访问量，而LP则更适用于通过广告等手段短期迅速地吸引顾客。

术语用法示例

💬 "你在引导页（LP）的设计上花了多少努力，销售额就会为此发生多少的变化。"

相关术语

预览 ……P134　　HTML ……P145

CV（转化）

通过线上实现了目标

在 EC 网站上完成了商品购买、在 SNS 上完成了会员注册、在企业网站上完成了咨询等，这种通过线上网站让用户完成交易、服务等行为被称为"转化"。假设某 EC 网站某时有 1000 人访问而最终 10 人完成商品购买时，则此时转化数为 10，转化率为 1%。我们会把这些销售数据进行统合分析，通过修改设计和添加文案来优化平台页面以便更高效地实现销售目标。

与术语相关的知识

"转化"的计算方法
在测量转化数和转化率时，经常使用在页面中嵌入 Google Analytics 等标签的方法，并自动统计。

调查跳出率
访问网站的用户只访问了入口页面（例如网站首页）就离开的行为被称为"跳出"，这个比例叫"跳出率"，降低该比例对于提高转化率也很重要。

与退出率的差异
退出率包括跳出率这一概念，但略有不同。"退出"是指在同一网站内浏览了多个页面，但最终在浏览了某页面后退出网站，该比例称为退出率。

术语用法示例

"一定要检查变更设计前后的转化率。"

相关术语

KPI 和 KGI ……P137　　AB 测试 ……P138

预览

在不滚动的情况下显示的页面范围

预览页即第一视角页，指在浏览网站时，即使不划动或不滚动也能显示的部分。由于接入的终端不同，画面的大小和分辨率也不同，比如 PC 和智能手机等设备其显示范围就不同。如果在这个范围内加入广告语、照片等宣传元素，其收效是最大的。

与术语相关的知识

"热图"统计法

为了调查用户操作鼠标的位置、点击场所、视线的移动等，经常使用"热图"统计方法。

视线呈 F 字和 Z 字移动

在阅读页面时，用户的视线通常会以字母 F 或 Z 的形状移动。因此，将关键元素置于此位置非常有效。

主视觉的选择

它是指网站的主要内容，如徽标和广告语，并通过在预览页中使用它来产生全局性的影响。

术语用法示例

 "在预览页中放置哪些图像会引起注意呢？"

相关术语

LP（引导页）……P132　　PV（页面浏览量）……P136　　AB 测试……P138　　视差滚动……P162

术语 127

印象数

广告被看到的次数

在网站上发布的广告显示的次数称为"印象数"。因为在没有人访问的网站上发布广告是没有太大意义的,所以广告商都争相在访问量大的网站上发布广告。最近,广告投放的竞争变得更加激烈,在一些访问量大的网站上投放广告的服务价格也在持续上涨。

第 4 章 用于创建网站和运营 SNS 的 IT 术语

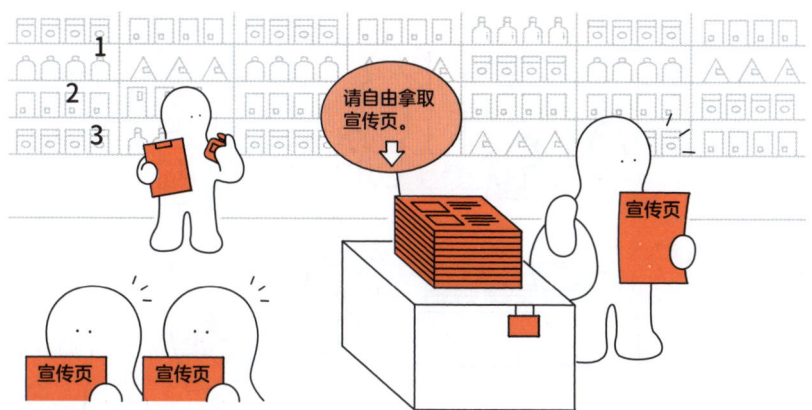

与术语相关的知识

为了增加"印象数"

如果你有很多竞争对手,那么就需要增加广告预算来增加页面上广告被展示的次数。另外,可以采取在其他媒体投放广告的方法。

点击率是一个重要指标

网络广告既需要被显示,也需要被点击。点击率(CTR)是表示点击频率的指标。

间接点击

在显示广告时并没有在第一时间点击的用户,在日后回想起来再次进行检索或通过其他途径完成的"转化"被称为"浏览后转化(View-through conversion)",可理解为"间接点击"带来的转化。

术语用法示例

💬 "印象数越来越多,今后可能会推出单价更高的广告。"

相关术语

联署会员 ……P127 PV(页面浏览量)……P136

PV（页面浏览量）

打开特定页面的次数

PV 是计算访问网站次数的指标之一。如果在同一站点中有多个页面，并且你也按顺序点击链接进行浏览，则在每个页面都进行计数。另外，如果是同样的访客进行多次访问，也会相应地进行计数。但是在许多情况下"同一访客"会被视为"独立访客（UV）"，其访问次数不会被叠加在 PV 总数里。

与术语相关的知识

与会话次数的差异

从访问站点到离开站点之间浏览页面所花费的时间被称为"会话"。在一定时间内未执行任何操作时，将对其进行初始化。

与用户数的差异

会话数是指网站在某一段时间被浏览访问的总次数；用户数是指网站在某一段时间内访问的实际人数。

引人注目的"内容视图（Content Views）"

现在各大公司的媒体上发布的内容越来越多，比起统计用户对内容的关注点，更应该研究用户浏览了什么，浏览了多少内容。

术语用法示例

💬 "先检查一下，自上个月以来本月的PV增加了多少。"

相关术语

联署会员……P127　印象数……P135

KPI和KGI

目标达成度的评估指标

KPI 和 KGI 指运营网站的评估指标。KPI 常被翻译为"关键绩效指标",是指通过 PV 和转化率等设定的数值目标,用于评估目标完成率。KGI 常被翻译为"重要目标达成指标",是指企业整体的目标设定。也就是说,为了实现 KGI 的目标,在各个业务中要制定 KPI 的目标。

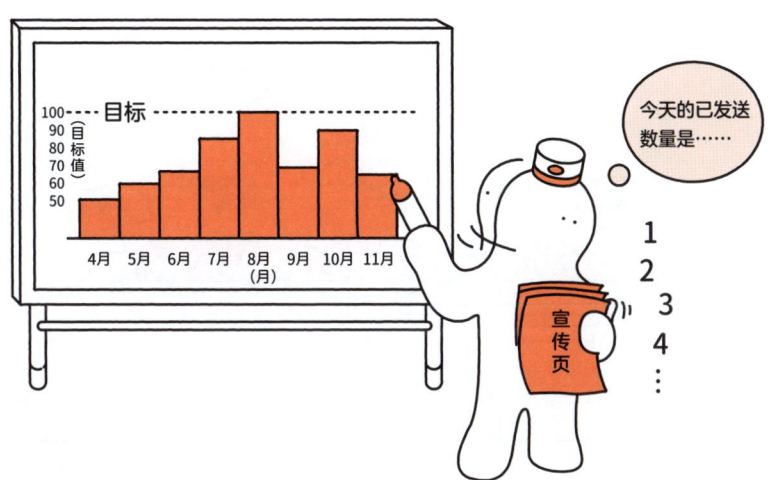

与术语相关的知识

KPI中的关键SMART

KPI 设置有一个经典的 SMART 指标,SMART 是由明确性(Specifigc)、计量性(Measurable)、现实性(Achievable)、关联性(Relevant)和及时性(Time-bound)的首字母组成。

主张事先考虑的KSF法

在某一行业共同的成功因素中,KSF 是达成 KGI 的因素,比如提高品牌力和知名度等。

IT部门经常使用的OKR

OKR 是在 IT 行业中经常用作设置和管理公司目标的方法,并且还有提高组织团队的交流效率的作用。

术语用法示例

"为了实现KGI,必须对作为中间指标的KPI进行监测。"

相关术语

CV(转化)……P133　　AB 测试……P138

AB测试

通过比较多种模式进行评估

AB 测试是一种对多个方案进行尝试或实际操作（如网站的优化设计）并采用最佳结果的方法。之所以如此命名，是因为项目通常提交了 A 和 B 两套方案，它们以平衡的方式自动分配给已发布网站并比较它们的转化率。作为访问方的用户不会注意到其中有多个设计方案，但是管理员可以通过查看每个设计方案的执行结果进行判断。

与术语相关的知识

需要一定数量的用户

为了进行 AB 测试，需要许多用户参与浏览各个页面，因此除非有一定数量的用户访问，否则无法产生有效的测试结果。

一对一比较校正

如果你在 AB 测试中同时修改了多个位置，而你不知道修改效果源自哪个位置的变动，因此需要对修改位置和结果一个一个地比较。

多变量测试

在观察总结多个地方的相互作用时，事先准备好背景色和照片等，把各种各样的要素进行组合，然后评估其中哪个组合更好的实验手法称为多变量测试。

术语用法示例

💬 "与其纠结选哪个好，不如用AB测试来评估一下吧？"

相关术语

CV（转化） ……P133　　KPI 和 KGI ……P137

术语 131

导览路径和层次结构

了解你正在查看的页面所在的位置

"导览路径"是一种从首页开始以分层结构显示出目前你所在页面位置的方法，以便你掌握当前正在浏览的网页位于整个网站的位置。导览路径又称面包屑路径（Breadcrumbs），用来比喻在山里走路的时候，在来过一次的路上一边掉着"面包屑"一边前进，以记录来时的路。另外，页面的分类称为层次结构，通过分层也可以链接到其他页面。

第 4 章 用于创建网站和运营 SNS 的 IT 术语

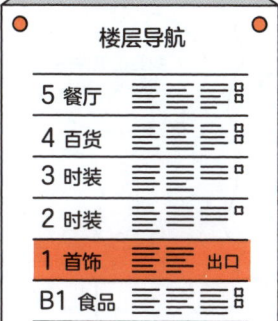

与术语相关的知识

导览路径的示例

易于理解的导览路径会根据商品的分类设置分层结构，并且采用逐渐细分的方法。例如，"酒＞葡萄酒＞红酒"。

结构化数据的标记方法

当将层次结构传送到搜索引擎时，需要用预定格式的结构化数据来表示层次结构。建议使用 JSON-LD 和 MicroData 作为其格式。

搜索结果传输给用户

为了用户能通过检索结果等实现快速浏览和判断，显示了一部分内容的东西称为网页摘要。网页摘要中通常显示着结构化数据中的标题、大纲和层次内容。

术语用法示例

💬 "这个网站没有导览路径，所以很难理解它的层次结构。"

相关术语

(HTML) ······P145 (内容) ······P155

139

响应式设计

根据屏幕大小自动更改布局

对于同一网页来说,阅览者可能使用的是电脑和智能手机终端,它们的屏幕画面大小不同,但要保证阅览的舒适性,因此,在设计网页时,需要用到自动布局功能。如果用智能手机打开面向 PC 终端制作的页面,文字会很小且很难读懂,但是现在已经可以快速自动切换成容易阅览的版面布局。实际上这仅仅是因为网站的运营商制作了一个 HTML,使其网页根据阅览者的终端环境自动改变了版面布局。

与术语相关的知识

媒体查询(Media Query)

如果要根据屏幕尺寸和设备类型(屏幕、打印机等)来更改要应用的设计,则使用称为媒体查询(Media Query)的描述方法。

必须指定 Viewport

有些小屏幕上的分辨率也可能很高,因此在响应式设计中使用视口(Viewport)规范,以防止在屏幕上显示得太小。

CSS 框架的使用

现在有许多现成的 CSS 框架,这些框架使非专业设计人员也能很容易地为自己的网页导入响应式设计,从而创建一个在某种程度上看起来还不错的网站。

术语用法示例

 "如果你现在要创建一个新网站,那必须带有响应式设计。"

相关术语

HTML……P145　　CSS(样式表)……P146

缩略图

显示缩小后的图像列表

"缩略图"的英文是 thumbnail，原意为"拇指指甲"，是指用大拇指指甲大小的区域表示的图像。现在缩略图的意思是在显示带有多个图像的文件夹等场合中，不仅显示文件名的一览表，而且会配以缩小的显示图像，从而快速找到所需的文件。另外，在网页等媒体页面存在多个图像的情况下，通过显示小图像使传输量变少，以加快打开速度。

与术语相关的知识

与"醒目（Eye Catch）"的区别

在网页的文章中插入小图像以引起注意，这称为"醒目（Eye Catch）"，但是缩略图是指缩小的图像。

视频缩略图

页面在显示多个视频的列表时，也经常用到缩略图，往往是采用开头或具有特征场景的画面截图，以便用户一眼就能了解该视频的大致内容。

当心磁盘消耗

缩略图虽然是小图像，但是随着数量的增加，它们也会占用一定的磁盘空间，因此在不需要的情况下将其删除或进行相应设置，以免过度生成。

术语用法示例

"保存的图片太多了，没有缩略图的话真的很难找到想要的。"

相关术语

图标和象形图……P65　　JPEG 和 PNG……P160

重定向(Redirect)

移至另一个网址

当网站迁移时自动将访问原始 URL 的用户移动到新 URL 称为重定向(Redirect)。重定向的方式有在页面内准备链接让人点击的方法,也有自动跳转的方法。自动跳转方法包括在显示原始页面的内容数秒后进行自动跳转以及在不显示原始页面直接自动跳转的情况。

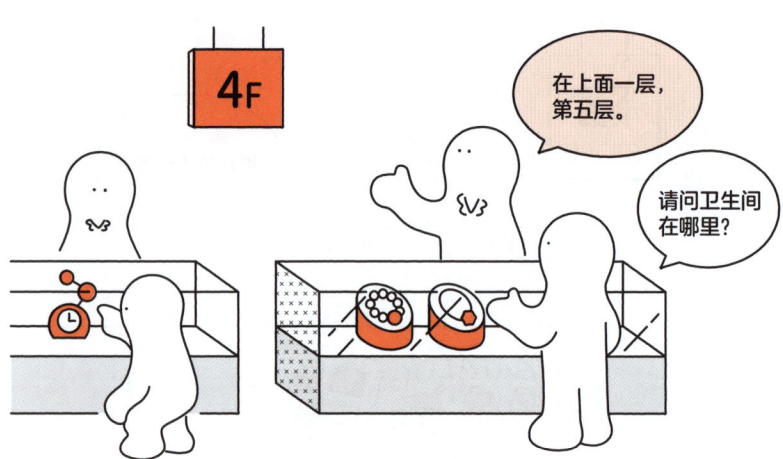

 与术语相关的知识

与URL短地址一起使用

在纸质媒体上写URL时,会使用缩短的URL,因为长URL难以使用。访问它时,将被重定向到原始URL。

用于URL归一化

在URL上写或不写www都会显示相同内容的网页。将不同的URL转发到一个页面被称为URL归一化。

小心"无限循环重定向"

设置重定向时,当从页面A重定向到页面B时,如果也从页面B重定向到页面A,则会无限循环下去,因此需要多加注意。

术语用法示例

 "即使访问了以前的URL,如果有重定向的话就不用担心。"

相关术语

(URL 和 URI)……P111　(HTTP 和 HTTPS)……P112

租赁服务器

借用公司提供的服务器

一种利用其他公司提供的服务器管理网站的方法。比如一个 24 小时运行的网站，可以不自行购买和设置服务器，而是通过与提供专门用于网站管理的服务器的公司签订合同来廉价地租用该服务器连接到网络。

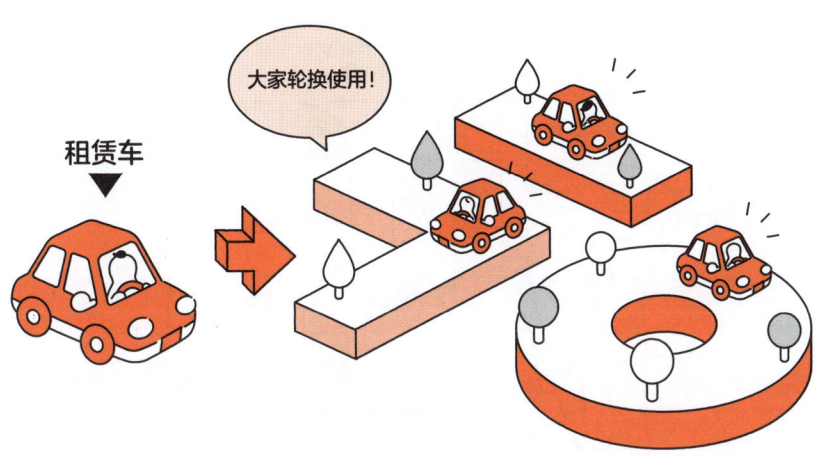

与术语相关的知识

廉价的共享服务器

在多个承包商之间使用一个服务器的形式被称为共享服务器，其价格便宜，但自由度低，并且使用区域较小。

高度自由的专用服务器

一种服务器由一个承包商占用的形式称为专用服务器，这种服务器价格昂贵，但具有很高的自由度，可以在大范围内使用。服务器的管理和操作都采用代理委托形式。

备受欢迎的 VPS

启动多个虚拟服务器，并将其中一个管理员权限传递给自己管理的 VPS，虽然需要自己进行设置，但比专用服务器更便宜且更受欢迎。

术语用法示例

"如果购买服务器成本太高，为什么不采用租赁服务器的方式呢？"

相关术语

数据中心……P26　就地部署和云端……P55　代理服务器……P115

网站地图

整理网站的页面结构

"网站地图"是指面向搜索引擎的网站页面结构的整理。搜索引擎会搜寻公共网站的内容以进行检索收集,但是他们无法弄清楚这些网站的更新频率以及哪些文件没有检索到等问题。因此,为了有效地完成检索收集任务,需要创建具有 XML 格式的页面结构的文件,并将其放置在 Web 服务器上。

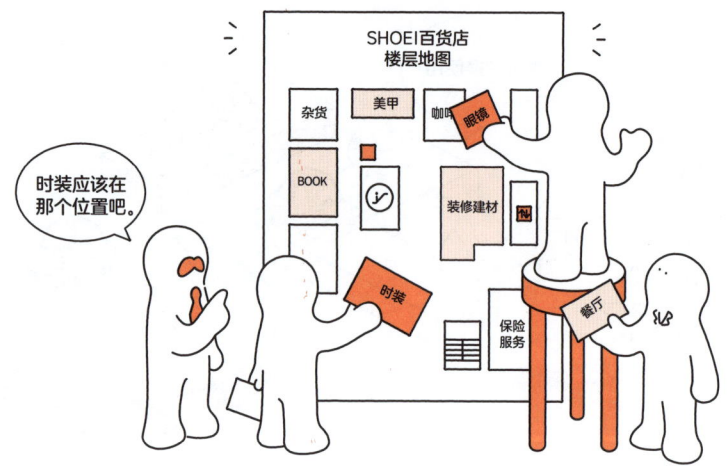

与术语相关的知识

面向用户的网站地图

当用户浏览网站时,有时会看到网站地图,该网站地图列出了网站中的各个页面所在位置,以使用户更容易找到所需的页面。

网站地图注册方法

如果需要在搜索引擎中注册网站地图,可以使用由搜索引擎提供的 Web Master Tools 工具传送 XML 文件来完成。

检查索引状态

提交网站地图后,你通常可以使用网站站长工具检查你提交的页面是否已在搜索引擎中注册(建立索引)。

术语用法示例

"如果要发布网站,则必须制作网站地图。"

相关术语

网站和网页 ……P82

HTML

构成网页的语言

HTML 是用于创建网页的语言。用"标签"字符限定了文档的开始点和结束点,在"标签"之间可以加入网页上要显示的文本、嵌入的链接和图像等元素,也可以自由地改变设计。当用户使用 Web 浏览器读取 HTML 文件时,就会根据创建者指定的格式显示 HTML 文件的内容。目前以 HTML5 版本为主。

与术语相关的知识

面向初学者的辅助工具

有些网页制作辅助软件是为那些苦于手动编写 HTML 的初学者提供的,使初学者可以通过类似于文字处理软件的可操作性直观地创建网页。

Web 浏览器之间的差异

HTML 是标准化的,但 Web 浏览器可能会添加自己的表达式,并且同一页面可能看起来有所不同。

HTML 邮件的视觉调整功能

普通电子邮件只能以文本格式发送,但是 HTML 电子邮件格式允许用户更改文本的颜色和大小并插入图像。

术语用法示例

"如果以文本格式编写 HTML,就可以在 Web 浏览器中显示它了。"

相关术语

网站和网页……P82

CSS（样式表）

设计网页

CSS 是一种用来表现 HTML 等文件样式的计算机语言，中文名称为"层叠样式表"。它不仅可以静态地修饰网页，而且可以配合各种脚本语言动态地对网页中各个元素进行格式化。它拥有对网页对象和模型样式编辑的能力，即使是同一 HTML 的描述内容，只要重写 CSS 就可以在很大程度上改变设计，为了兼顾美观和结构，引进了许多其他文件的功能。

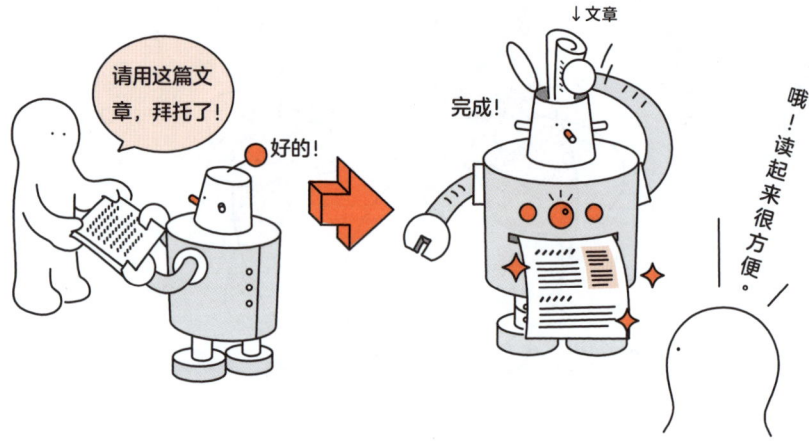

与术语相关的知识

在各个终端呈现不同的外观

CSS 不仅可以设计视觉外观，而且可以根据用户的 PC、手机、打印机等不同的终端环境来切换视觉样式。

用于指定目标的选择器

选择器用于指定将样式应用于某些 HTML 元素的目标，并且可以为元素名称、ID、类名称等指定外观样式。

常用的 CSS 黑客技巧

为了减小由于 Web 浏览器规格的差异而导致的设计差异，使用 Web 浏览器中存在的 bug 来调整布局的方法被称为 CSS 黑客技巧。

术语用法示例

"如果你将 CSS 和 HTML 放在不同的文件中进行管理，那么你只能更改视觉设计"。

相关术语

字体和字号 ······P62　　响应式设计 ······P140

术语 **139**

Cookie

管理Web服务器和浏览器之间的状态

Cookie 是一种在访问网站时将用户信息临时保存在 Web 浏览器中的机制。多用于在 Web 服务器端识别同一用户的访问。当访问网站时，Web 浏览器发送从 Web 服务器返回的值，并且在下一次和之后的访问中发送该值，从而可以识别相同的 Web 浏览器用户。

第 4 章　用于创建网站和运营 SNS 的 IT 术语

与术语相关的知识

管理登录状态

当你通过在 Web 应用程序中输入 ID 和 Passward 来登录时，Cookie 用于识别来自该用户的访问。

有效期限

Cookie 可以在发布时指定到期日期，并且在到期日期之后访问时删除，不再与 Web 浏览器发生联系。

第三方 Cookie

Cookie 与域名相关联，与正在显示的页面的域名不同的 Cookie 被称为第三方 Cookie。这个功能常用于推送广告等。

术语用法示例

 "如果想在网站上对相同的用户进行管理，使用Cookie会很方便。"

相关术语

 HTTP 和 HTTPS ……P112

简约设计

专注于保证最低性能标准

简约设计理念是以最简单的设计实现最基本功能需求，避免资源浪费。不仅是Web的设计，在软件开发等领域也同样适用。因为是以保证实现消息传达和实现所需的基本功能为宗旨，不仅省去了不必要的信息，让用户感觉直接易懂，而且可以防止文件、数据和系统的冗余。

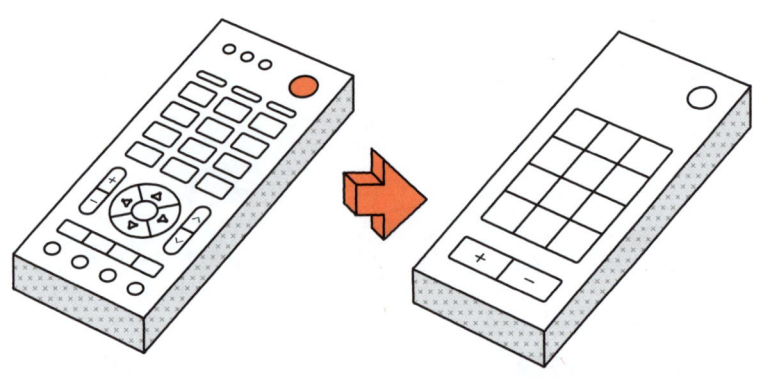

与术语相关的知识

"少即是多（Less is more）"

简约设计理念中经常使用的词是"少即是多"意味着没有多余、没有浪费的设计是美丽而高效的。

"少就是枯燥（Less is bore）"

Less is bore用来讽刺Less is more，指的是过于简单、枯燥而导致难以理解。意味着一种设计如果失去了"概念性"便没有张力。

极繁主义设计（Maximalism）

这是一种与极简设计相反的想法，推崇色彩丰富、杂乱无章的布局，旨在通过视觉冲击给人留下强烈印象为目标。

术语用法示例

 "在添加功能时，请考虑采用简约设计的观念。"

相关术语

CSS（样式表）……P146　　质感设计（Material Design）与扁平化设计（Flat Design）……P163

图层

图像处理软件中重叠的层

在 Photoshop、Illustrator 等图像处理软件中，当多个图像重叠时会用到层次功能。通过这种像是透明膜的层单元可以执行移动、放大和缩小等处理，将一个图像划分为多个层来加工可以轻松地仅处理想要编辑的部分。很多图像处理软件都加载了图层功能。

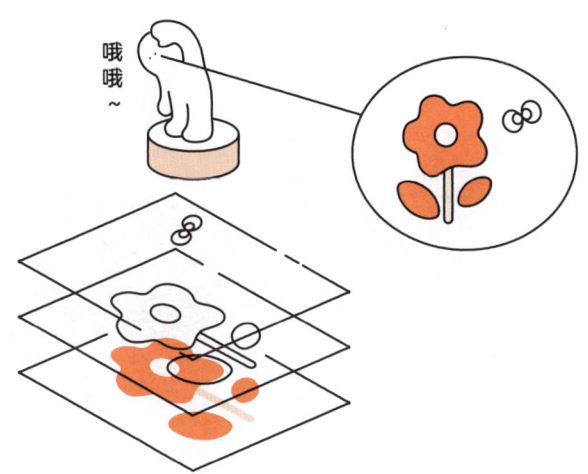

与术语相关的知识

重叠顺序很重要
在下一层绘制的部分可能会被上一层的透明部分遮住，所以在使用多个图层的情况下，重叠的顺序很重要。

注意正在处理的图层
即使你准备处理一张图像，但如果选错了处理的图层便达不到期望的效果，因此要多加注意目前选择的是哪个图层。

不透明度
许多图像处理软件可以设置每个图层的不透明度，从100%（完全不透明）到0%（完全透明），以达到各种表现效果。

术语用法示例

"如果想要合成照片，使用图层功能加上略微的修正即可。"

相关术语

JPEG 和 PNG ……P160

栅格化

将图像转换为点表示

"栅格化"是将矢量格式的图像转换为位图格式的过程。JPEG 和 PNG 等图像格式被称为位图格式,因为它们是用点来表现的图像,所以如果把包含斜线的图像放大,就会出现锯齿一样的毛刺,被称为"锯齿化"。而矢量格式是由点的坐标和连接点的线构成的,即使放大也不会产生锯齿。

 与术语相关的知识

注意投影

在某些情况下,你可能会使用投影使文字或图形看起来更立体,但在低分辨率下进行栅格化后,可能会出现锯齿。

3D场景的栅格化

对3D图形进行栅格化处理,这种将多面体等三维坐标转换为二维平面的处理称为"光栅化",是一种图像化方式。

与"渲染"的区别

"渲染"是指 Web 浏览器以 HTML 为基础显示 Web 页面,以及给3D图形数据以光源和质感的表现。

术语用法示例

"如果在栅格化处理时不注意分辨率,那结果将很粗糙。"

相关术语

(JPEG 和 PNG)……P160

切片

拆分保存图像

通过分割一个图像文件来创建和存储多个图像。通常用于制作多个相同尺寸的图像，如网站菜单。许多图像处理软件配备了切片功能，通常是将汇总制作的大图像分割成适当的大小，并以连续编号的文件名等保存。

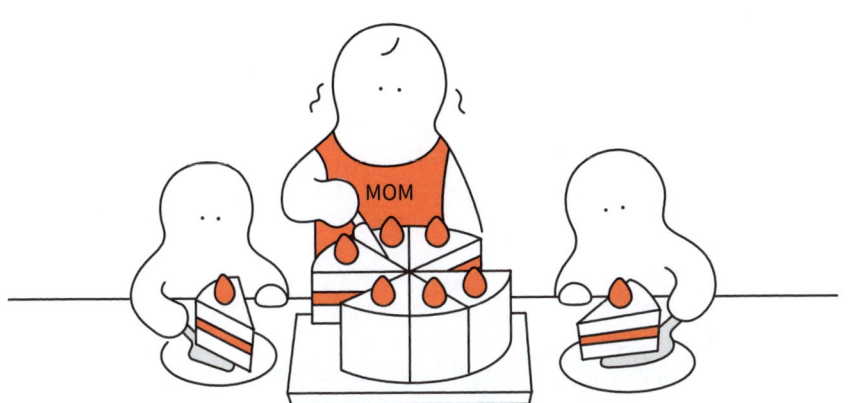

与术语相关的知识

切片的效果

如果整个页面由单个图像组成，则需要一定时间才能显示其大图版本。如果连文本部分也是图像，则无法达到预期的 SEO 效果，而此时切片的优势将凸显出来。

利用 CSS Sprite 提高页面速度

为网站制作菜单等功能区时，不再创建一个个单独的图像，而是采用"给一张大图像的一部分赋予相应功能"的方法来实现，被称为 CSS Sprite，具有减少传输数据量的效果。

图像优化

为了缩小图像文件的大小，不仅可以使用 JPEG 和 PNG 等压缩方式，还可以选择在保持质量的同时完成压缩的"图像优化"。

术语用法示例

"如果图像处理软件没有切片功能，真有点不方便。"

相关术语

CSS（样式表）……P146　　JPEG 和 PNG……P160

术语 144

线框图和设计原型

设计工作开始前的草图

设计网页时使用的整体布局设计图称为线框图。此外,将其中的图像和颜色大致分配给该线框的样本称为设计原型。创建一个设计原型作为示例,以实现视觉和气氛上的直观体验。

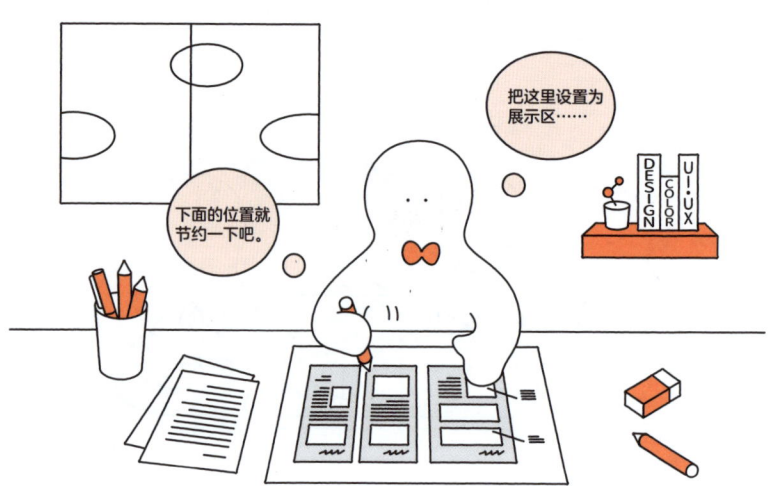

与术语相关的知识

尺寸比彩色或图像更重要
当创建线框图时,仅需要考虑设计的框架,不需要考虑颜色和图像。框架的尺寸才是最重要的。

最初阶段由手绘就足够了
当制作线框图时,通常是先在笔记本上手绘草稿,在一定程度上确定了布局后,再使用工具誊写加工。

注意设计费用
如果你委托了网站设计服务,创建线框图或设计模板的阶段也会被视为正式设计的工作,都会被计算成本。

术语用法示例
💬 "我通过给手绘的线框图上色来进行设计比较。"

相关术语
原型品 ……P105

栏

Web设计中的版式

网页的栏目布局是指在页面左右配置菜单等要素的版式。在左右任意一侧配置菜单，在剩下的位置配置正文的设计被称为"2栏布局"；在左右两侧配置菜单，在中央配置正文的设计被称为"3栏布局"。

第4章 用于创建网站和运营SNS的IT术语

把正文分开的栏目

与术语相关的知识

单栏设计正在增加

此前一般都是将菜单等分成多栏，但最近为了考虑（智能手机、平板电脑等）移动端的视觉体验，采用单栏布局的设计越来越多。

"汉堡按钮"

在智能手机时代，很多人都接触过一种图标上带有三条线的按钮，称为"汉堡按钮"。其特征是菜单不再被固定在一栏上，除非你用手点击它，否则它处于自动隐藏状态。

网格布局的出现

为了适应不同的屏幕尺寸，越来越多的设计不再将页面分成多栏，而是采用方块的形式排列成纵横格子状。

术语用法示例

"如果你要创建博客，通常会用到3栏布局。"

相关术语

HTML ……P145　　页眉、侧边栏、页面主体、页脚 ……P154

153

页眉、侧边栏、页面主体、页脚

网页组件

划分网页区域时，屏幕的上部被称为页眉；用于放置菜单等的部分被称为侧边栏；用于放置文本的部分被称为页面主体；屏幕的下部被称为页脚。在许多企业网页中，页眉就是网站的标题，下面是菜单和正文，页脚则作为版权标记等。

每个位置都有对应的名称。

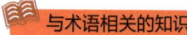

与术语相关的知识

简化页面编辑

页眉和页脚通常在同一网站中以相同的方式描述，并且通过创建模板或在程序中共享模板来简化编辑方法。

SNS 按钮的排列

越来越多的网站具有 SNS 按钮，以使浏览页面的人共享其 URL 和大纲，它们通常位于页脚。

导航区域的配置

菜单等可以放置在屏幕顶部以及侧边栏，有时也称为导航区域。根据布置需求的不同，设计上也会有很大差异。

术语用法示例

"页眉使用图像，侧边栏、页面主体和页脚一般只由文本构成。"

相关术语

CSS（样式表）……P146　　栏……P153

内容

网页正文

指网页正文部分所记载的信息,即网页中的内容,其分工不同于网页设计。"内容"既包括文章,也包括图像、视频、音频等元素,并且有各种题材,如记叙、采访、新闻发布和事件报道等。通过发布用户正在寻找的信息来提高网站的知名度。

第 4 章 用于创建网站和运营 SNS 的 IT 术语

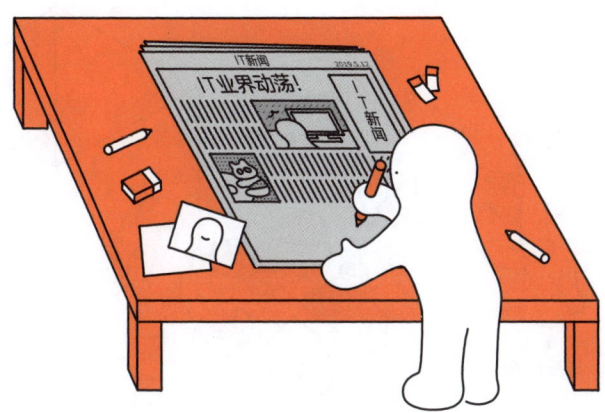

 与术语相关的知识

与软件的区别

软件使用的数据部分有时也称为"内容",但它的对应点不同,比如教育软件中的内容是教材数据、地图软件中的内容是地图信息、视频播放软件中的内容是视频等。

法律和政府政策

2004 年颁布了《促进内容创造、保护和利用法》(内容促进法),并被列为"酷日本"计划的重要内容。

制造杀手级内容

能够明显区别于其他内容或对其他内容产生重大影响的内容被称为杀手内容,可以说,制作这些内容有助于吸引顾客、传播文化和扩大影响力。

术语用法示例

"在设计上下功夫固然重要,但也要保证内容新颖。"

相关术语

CMS ……P131　HTML ……P145

糅合(Mashup)

将多个信息组合在一起以生成新的服务

通过组合多个服务来提供新服务。虽然互联网上提供了搜索、天气、地图等多种服务，但是如果可以将它们组合使用而不再单独使用，可能会更加方便。例如可以将天气与地图或路线搜索功能结合起来形成新的功能，为要去某个地方的人实时提供天气预报服务。

与术语相关的知识

无须再专门准备数据

由于使用了其他公司现已提供的服务，因此无须再专门准备数据便可以迅速启动新服务。

开发周期可以缩短

从头开发是很辛苦的事情，可以通过组合使用其他人提供的服务来缩短开发周期。

服务中断的风险

如果提供商停止了一部分的功能，那么使用该功能的服务也会停止。因此拟定合同内容时要仔细斟酌，因为那是十分重要的。

术语用法示例

"将这项服务与那项服务结合起来会很有趣！"

相关术语

开放数据……P32

开源代码

公开的软件源代码

开源代码是指开放了源代码的软件。一般的软件只发布可执行文件而不公开源代码,而公开源代码的软件可以吸引更多的程序员参与开发,并有望更好地改善软件的应用功能。但由于版权原因,用户需要根据许可证使用。

与术语相关的知识

与免费软件的区别
免费软件也被称为自由软件,是免费提供的,可以像开源软件一样使用,但通常不附带源代码。

不能保证正常运行
许多开源许可证允许在某些条件下使用、复制、修改或重新发布软件,但基本上任何许可证都不保证软件一定能正常运行。

著佐权(Copyleft)主义
在保持基础软件著作权的同时,保证即使在修改的情况下也可以自由使用、再分发、修改等主张被称为著佐权(Copyleft)主义。

术语用法示例

"那个服务器的操作系统和中间件都是开源的。"

相关术语

版权和知识共享······P66

爬虫

从网页中提取信息

爬虫是一种通过使用程序自动提取网页中包含的数据的手段。它可以通过制作搜索引擎，或者从正文的一部分取出数据再到网页的 HTML 数据中自动寻找，并排除标签和菜单，只提取想要的数据，这种自动检索 Web 站点以搜集数据的行为称为"爬虫"。

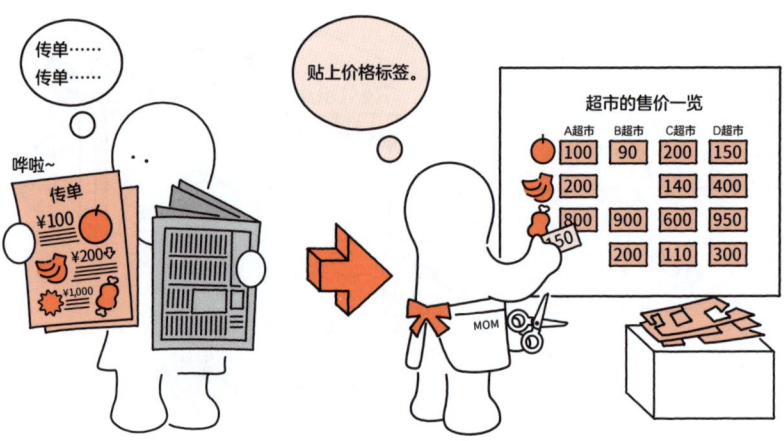

与术语相关的知识

注意使用条款

如果在短时间内反复进行爬虫，会使服务器不堪重负，因此某些服务可能会受到服务条款的禁止。

解析 HTML 的解析器

当爬虫从 HTML 中提取信息时，需要通过程序自动分析文档的结构，因此有一个解析器作为工具。

以编程方式处理 DOM

DOM 是通过程序操作 HTML 等文档时使用的技术，从解析器分析的内容会生成树结构，用以访问各要素。

术语用法示例

💬 "如果你每天都从同一个网站收集信息，你为什么不跑个爬虫把它们自动收集来呢？"

相关术语

(RPA) ……P3　(搜索引擎和嗅探器) ……P76

FTP和SCP

安全地发送和接收文件

FTP 和 SCP 是信息传输协议,用于将计算机上创建的文件发送到服务器或从服务器接收文件到计算机。在发布 Web 页面时会用到。以前经常使用 FTP 协议,许多包括租赁服务器在内的运营商都支持它。最近,使用支持加密的通信协议 SSH 来传送文件的 SCP 方式已经普及。

与术语相关的知识

使用FTPS和SFTP
由于FTP发送的用户名和密码没有加密,因此存在被窃听的风险。最近与加密通信相对应的FTPS和SFTP方式正在推广。

可匿名使用的FTP
匿名 FTP(anonymous FTP)是任何人都可以通过FTP传输文件的方法。例如,可以将文件放置在服务器上并分发或共享给某些数量的人。

启用SSH的服务器正在增加
除了租用服务器外,可以使用SSH的外部服务器(如云服务和VPS),在文件传输中使用SCP的情况也在增加。

术语用法示例

"建立网站后,用FTP或SCP上传到服务器上。"

相关术语

租赁服务器……P143　HTML……P145　SSL 和 TLS……P194

JPEG和PNG

图像压缩技术

JPEG 和 PNG 是用于图像压缩的文件格式，可减小图像的文件大小。JPEG 是一种适用于照片等文件的压缩格式，这是一种有损压缩，是不可逆的，但视觉上不会发生太大变化，可以有效地减小文件的大小；而 PNG 是一种无损压缩格式，通常用于插图和 LOGO 的压缩，经常用于网页制作。

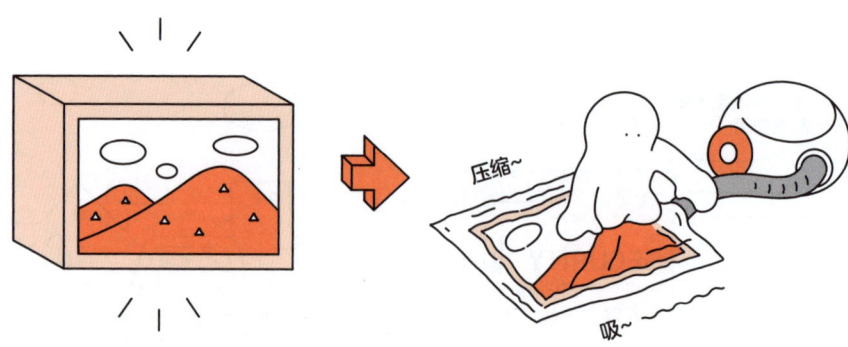

与术语相关的知识

图像文件大小

由于图像需要以像素为单位的颜色信息，通过"横向宽度 × 纵向宽度 × 颜色的位数"来计算图像，因此越大图像的文件占用空间也越大。

网页图像大小

当具有较大文件量的图像发布在网页上时，用户在查看时也需要花费一些时间来传输和显示图像。因此需要压缩图像以减小尺寸、节约传输时间。

释放磁盘空间

即使图像不发布在网页上而仅存储于本地计算机中，也会占用大量硬盘空间，此时就显现出压缩图像的重要性。

术语用法示例

"即使图像相同，如果采用JPEG或PNG格式也会减小文件大小。"

相关术语

无损压缩和有损压缩 ……P59　　分辨率和像素 ……P69

OGP（社交图谱协议）

为了SNS在设备上正常显示的网页设置

OGP 是在 SNS 上共享网页时传达网页概要的协议。在 Facebook、Twitter 等社交媒体上共享内容时，不仅要显示 URL，而且要将该页面的标题、说明文、缩略图等一起显示出来。这样就可以更直观地展现网页。在创建网页时，适当的 OGP 设置是必需的。

↓文章

OGP——SNS时代Web页面的必要设置

OGP是在SNS上共享网页时传达网页概要的协议。在Facebook、Twitter等社交媒体上共享内容时，不仅要显示URL，而且要将该页面的标题、说明文、缩略图等一起显示出来。这样就可以更直观地展现网页。在创建网页时，适当的OGP设置是必需的。

必要

SNS已进入了共享页面时代，OGP是保持魅力的必要设置。

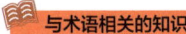

与术语相关的知识

如何设置 OGP
OGP 使用 meta 标签来描述每个页面的 HTML 标题部分。仅通过将图像等布置在适当的地方并点击发布就可以完成设置。

各 SNS 的差异
OGP 不仅有标准的设置，在各个 SNS 上都有自己的属性。由于缩略图的格式不同，最佳图像尺寸等可能不同。

OGP 未更新时
当 SNS 端独自缓存 OGP 的内容时，有时需要清除 OGP 缓存，以便在共享后反映网站的更新内容。

术语用法示例

"如果某些网站没有设置OGP功能，我就不想在那些网站上分享内容。"

相关术语

URL 和 URI ……P111　　社交媒体和 SNS ……P130　　HTML ……P145

视差滚动

以滚动速度呈现三维效果

视差滚动原理是通过改变滚动时的背景和元素的显示速度使网页看起来具有三维效果。通过这种视差使其看起来像一个移动的网页,很容易吸引用户的注意。但是,它也有缺点,就是难以保证它在多个 Web 浏览器中正确显示,并且加载起来需要花费一定时间。

与术语相关的知识

与轮播的区别

视差滚动通过在垂直方向上滚动来达到三维效果;而轮播则是依次显示图像,在水平方向上滑动图像。

一种滚动效果

当滚动屏幕时实现表达动画等效果称为滚动效果,视差滚动也可以说是其中的一种。

视频背景的嵌入正在增加

越来越多的网站不仅考虑滚动时的外观,而且考虑即使不滚动时也要富有视觉变化效果,所以在背景中嵌入了视频。

术语用法示例

"视差滚动的功能虽然很酷,但是做起来很费劲。"

相关术语

预览……P134

术语 155

质感设计（Material Design）与扁平化设计（Flat Design）

设计的趋势

表现光、影、深度等，并表现出立体的质感且让人感觉到对操作有反应的动作的设计被称为质感设计。与之相对的，把装饰做得尽量简约，使之看起来平面化的设计被称为扁平化设计。上述设计对于颜色和字体等也需要考虑在内。

第4章 用于创建网站和运营SNS的IT术语

尽量画得要像真的一样。

 与术语相关的知识

Google UX设计
质感设计是谷歌公司提出的设计手法，通过与真实世界中的质感和操作保持一致性来实现易用性。

什么是微交互
在质感设计中，不仅需要考虑外观，而且需要表达对"用户按下按钮"之类操作的反馈的设计。

美俏设计理念
目前微软公司的Modern UI是从Windows Phone 7和Windows 8开始采用的UI，被称为美俏设计，是扁平化设计的一种。

术语用法示例

💬 "质感设计和扁平化设计哪个更好？"

相关术语

（CSS（样式表））……P146　（简约设计）……P148

CDN

用于快速分发网站的网络

通过分散部署多个服务器,以防止网站在集中访问的时候出现问题。当分发大规模站点或大容量文件时服务器会承受高负载,但是通过使用 CDN 的服务可以廉价地利用能够应对高负载环境的其他设备以分担负荷,并且用户端也可以更高速地显示网站。

与术语相关的知识

避免传输量限制

当签订租用服务器等合同时,会发现传输量通常受到限制的情况,但使用 CDN 的话不仅能解决服务器的负载问题,而且对传输量的限制也有所改善效果。

动态内容风险

如果登录网站时所需的动态内容被 CDN 缓存,则登录信息有被其他人浏览的危险。

在 Web 框架中使用

许多 JavaScript 库和 CSS 框架(如 jQuery 和 Bootstrap)使用 CDN 分发,并且可以通过高速缓存快速读取。

术语用法示例

 "当我将图像传到CDN上时,Web服务器上的流量急剧下降。"

相关术语

(流媒体)……P24 (负载均衡)……P242

补充

了解21世纪"资源"（Data）的相关用语

最近，任何人都可以使用博客和 SNS 发布信息。以前只能和身边的人交流，现在可以通过互联网与异地的人及素不相识的人交流。

传播信息的手段也逐渐变得多样化，以下是可以由个人发布信息的方法。

- 在博客和留言板上投稿。
- 在租赁服务器上开设主页。
- 向摘要站点和策展服务站点投稿。
- 发布电子杂志。
- 在 Facebook、Twitter 等 SNS 上发表文章。
- 向 Instagram 等照片投稿服务投稿。
- 向 Podcast 等语音服务平台投稿。
- 向 YouTube 等视频服务平台投稿。
- 在 Slack 和 Discord 等聊天服务上发表文章。
- 出版同人杂志。
- 召开学习会。

技术的发展使数据收集和分析变得更加容易

不仅限于上述方法，以前没有专业工具就很难进行的语音配信、视频配信等工作现在也可以轻松地完成。我们仅用智能手机就可以进行声音和视频的录制，配信的平台也在逐渐完善。不仅如此，它还有一个特点，就是对你所发布的内容的反馈也变得非常容易。在此之前，比如你投放了某广告，其效果却很难衡量评估，但是现在，如果你使用互联网的一些功能，它的效果就会被量化出来供评估。

补充

了解21世纪"资源"（Data）的相关用语

例如，博客服务具有分析访问次数的功能，许多租赁服务器也配置了访问分析工具。最近，使用谷歌免费提供的 Google Analytics 等访问分析服务也被大众普遍使用。最直观地说，你在 Twitter 等 SNS 上可以看到你发布的信息有多少人已读、点击了多少次等。

印象数	6977
总参与度	286
媒体参与次数	187
个人资料点击次数	29
点赞数	27
链接点击次数	18
转发次数	16
详细信息点击数	9

人们不仅可以轻松地发布信息，而且可以收集所发信息的回馈数据进行分析，这是最近新出现的一个特点。与19世纪的煤炭、20世纪的石油相比，有人说21世纪的资源是数据，要想收集和分析数据，不仅要有统计等数学知识，而且要有 IT 知识。

除本书中出现的"转化率""订阅数量/关注数量""页面浏览量"，可用于分析的数据项还会一个接一个地出现，因此请注意学习和积累最新的术语。

第5章

对抗网络攻击的信息安全术语

术语 157~192

黑客（Hacker）和骇客（Cracker）

具有计算机或网络知识和技术的人

计算机网络攻击者往往被称为黑客，但不是所有对计算机和网络有深入了解的人们都被称为黑客，将黑客技术用于良好目的的人被称为白帽黑客（White Hat Hacker），而真正实施攻击行为的人才被称为黑客。使用其他黑客攻击者制作的工具发起攻击的人则被称为脚本小子（Script Kiddie）。

与术语相关的知识

与极客的区别
计算技术等较精通的宅男之类的人有时被称为极客，但更多用来形容对计算机和网络技术有狂热兴趣并投入大量时间钻研的人。

生活黑客
为了让日常生活变得更好而下功夫的人或富有生活诀窍的人被称为"生活黑客（Life Hacker）"，指像程序员对程序问题使用有效解决方案一样，把破解系统的黑客思维带入生活中来解决生活中出现的问题的人。

CTF 竞赛
CTF 有时作为与安全相关的技术能力竞赛而举行，被称为黑客竞赛或黑客大会。它也用于教育目的。

术语用法示例
"最近，越来越多的人懂得把黑客和骇客区别开来使用了。"

相关术语
脆弱性和安全漏洞……P184　　零日攻击……P185

恶意软件、计算机病毒和蠕虫病毒

感染其他程序

但凡带有恶意的软件统称为恶意软件。恶意软件包括寄生在其他程序上运行的电脑病毒、能单独自我繁殖的蠕虫病毒、伪装成正常程序但不会自我繁殖的特洛伊木马、盗取信息的间谍程序等。

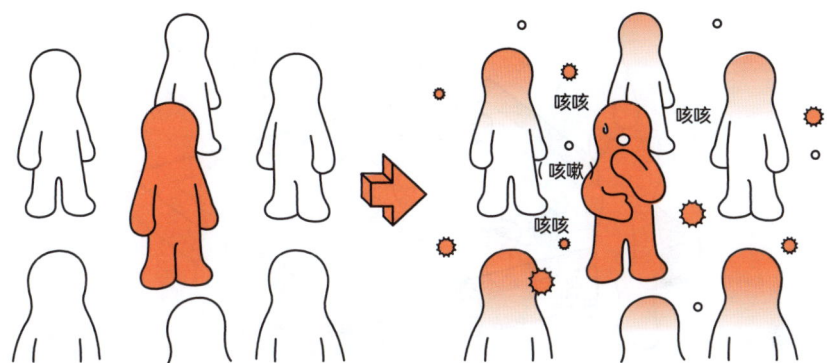

与术语相关的知识

携带病毒软件就有罪吗
在信息安全法律规定中,无正当理由地制作和提供病毒是有罪的,并且对以恶意利用为目的的获取、保存病毒的行为也有处罚规定。

宏病毒的存在
不仅有单独运行的病毒,而且有恶意利用Word和Excel的宏功能执行危害活动的宏病毒。

隔离网络
从公司外部引入PC时,如果感染了病毒,则PC可能会在公司内部传播,因此有一个隔离网络作为临时连接和检查的网络。

术语用法示例
"电脑病毒比恶意软件和蠕虫更容易传播。"

相关术语
……P170

术语 159

病毒码文件和沙箱

防病毒的必备技术

将现有病毒特征汇总的文件被称为病毒码文件。杀毒软件与病毒码文件数据进行比较来检测病毒，并进行警告和删除。有的软件为了寻找像病毒一样运行的程序，准备了一个名为沙箱的虚拟环境。

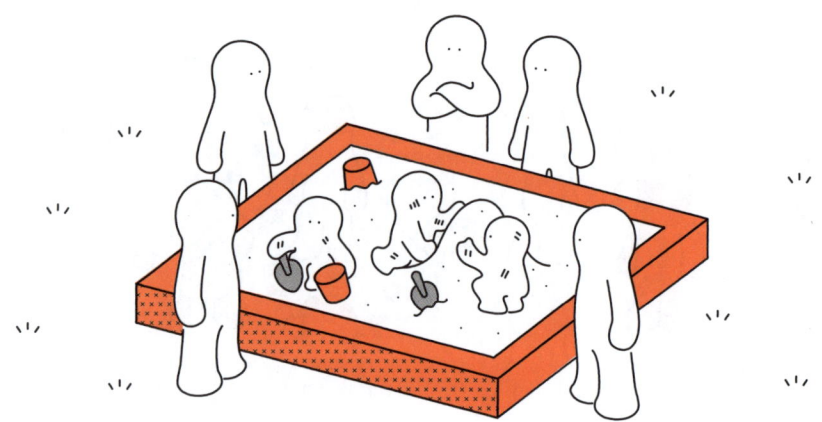

与术语相关的知识

更新病毒码文件

收集了已知病毒特征的病毒码文件每天都在追加信息，为了应对新的病毒，必须及时更新该文件。

行为检测

为了发现新病毒，越来越多的人使用"行为检测"功能。该功能是实际运行程序并通过其动作特征排查病毒的一种方式。

互联网诱饵

为了制作病毒码，需要收集病毒。工作人员会在互联网上设置一个名为蜜罐（Honeypot）的诱饵。

术语用法示例

"更新病毒码文件非常重要，但我们还需要沙箱功能。"

相关术语

恶意软件、计算机病毒和蠕虫病毒 …… P169

垃圾邮件

乱发大量信息的垃圾邮件

无视收件人的需求和感受而乱发信息的电子邮件称为垃圾电子邮件或 SPAM 邮件。垃圾邮件通常用某种机制获取或随机生成大量邮箱账户并群发信息；而有些垃圾邮件的目的是针对特定公司的攻击，他们会冒充你的熟人或合作伙伴给你发邮件，很容易以假乱真；而有的垃圾邮件则是以传播病毒为目的。

与术语相关的知识

来自垃圾邮件的感染

有些垃圾邮件带有病毒，收信人打开邮件附带的文件会感染病毒，甚至点击邮件正文中的 URL 也会感染病毒。

四处泛滥的电子邮件炸弹

一次性发送大量内容以占用邮箱容量的垃圾邮件被称为邮件炸弹，并且它们可能还是网络拥塞等问题的导火索。

Opt-In 和 Opt-Out

在反垃圾邮件对策方面，除了设置拒绝接收指令并禁止邮件再次接收的 Opt-Out 方式，还有在事先获得同意的情况下才能发送的 Opt-In 方式。

术语用法示例

"我没有透露我的电子邮件地址，为什么会收到垃圾邮件？"

相关术语

……P75

间谍软件和键盘记录器

重要信息会因此外泄

间谍软件会未经用户的许可将 ID、密码、存储在计算机中的照片等发送到外部。间谍软件往往在用户安装免费游戏和工具软件时被捆绑着装进电脑,甚至可能在用户毫不知情的状态下完成安装。另外,监视和记录用户输入计算机中的按键操作的软件称为键盘记录器。

与术语相关的知识

展示广告的广告软件

未经用户同意而自动安装的软件不仅包括间谍软件,而且包括广告软件,它们基本不向外部发送信息,但是会擅自弹出广告。

与病毒的不同

与恶意软件和病毒的不同之处在于间谍软件不进行感染活动,它潜伏在一台计算机中专门用于收集信息。

阅读许可协议

在安装软件时,许多用户即使被要求阅读使用许可协议,却没有认真阅读而直接"同意"了,这也是导致间谍软件安装的一个原因。

术语用法示例

 "之前那个软件怕不是间谍软件或键盘记录器吧?"

相关术语

恶意软件、计算机病毒和蠕虫病毒 ……P169

勒索病毒

索要赎金的病毒

对电脑中的文件进行随意加密或施加特定限制，当用户需要恢复文件时则要求支付金钱的病毒被称为勒索病毒，也称"赎金病毒"。不过，即使支付了赎金，也不能保证用户的文件一定能恢复原状。这种病毒有的是利用漏洞进行入侵，有的则是通过垃圾邮件进行安装。

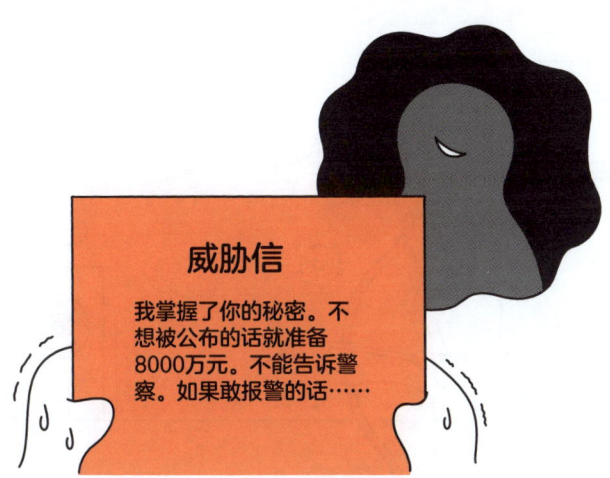

威胁信

我掌握了你的秘密。不想被公布的话就准备8000万元。不能告诉警察。如果敢报警的话……

与术语相关的知识

比特币汇款
犯罪分子往往采用比特币的方式接收赎金，因为比特币汇款费用低、可以匿名交易、风险低。

备份是至关重要的
要在不支付赎金的情况下恢复数据，定期备份非常重要。因此，建议使用定期备份功能。

使用文件恢复软件
如果你的设备没有备份功能，也可以通过使用安全供应商提供的解密工具或操作系统提供的恢复软件来恢复。

术语用法示例

💬 "我只是点击了一下链接，就被勒索软件感染了。"

相关术语

恶意软件、计算机病毒和蠕虫病毒……P169

针对性攻击

针对特定组织的攻击

以特定的组织为目标,通过交换该组织经常使用的邮件来使其信任的手法被称为针对性攻击。最近杀毒软件的准确率提高了,引进杀毒软件也成为企事业单位固定的方式,但是依然存在用了杀毒软件也无法检测到的新病毒。

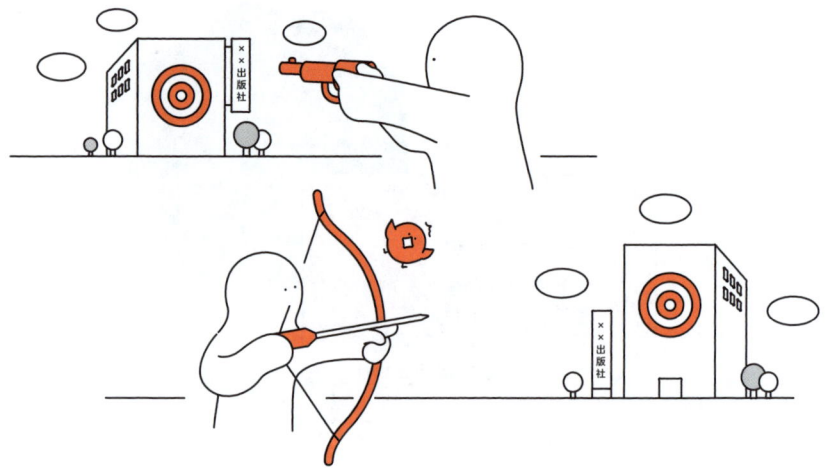

与术语相关的知识

取得信任的伎俩

在针对性攻击中,为了不让接收者产生不信任感,而使用了巧妙的手法,如冒充作为发送者实际存在的组织或个人姓名等。

中小企业也是其目标

虽然给人的印象是大型企业最可能成为针对性攻击的目标,但也有攻击中小企业作为跳板的情况。因此无论企业规模如何,都需要采取对策。

难以阻止的APT攻击

针对性攻击在国外又被称为APT攻击,其特点是高度攻击、不断改变攻击手法并反复进行攻击,因此很难阻止。

术语用法示例

💬 "有针对性攻击代码的电子邮件文本并不可疑,因此很难察觉。"

相关术语

网络犯罪 ……P182   零日攻击 ……P185

术语 **164**

DoS攻击（阻断服务攻击）

导致计算机系统高负载状态

在短时间生成大量信息流而使目标网络瘫痪的攻击称为DoS攻击或阻断服务攻击。它类似于"你不停地接到骚扰电话，导致连正常的电话都无法接听了"这种原理。DoS攻击单指攻击方来自某一台计算机的行为，而多台计算机一起攻击一台计算机的行为称为DDoS攻击。

第 5 章 对抗网络攻击的信息安全术语

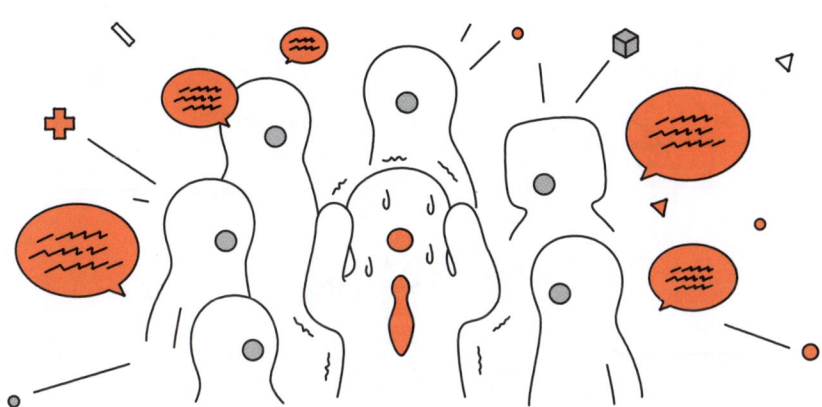

与术语相关的知识

判断DoS攻击很难

由于负载容量因系统而异，因此当通过正常的通信导致高负载时，很难确定高负载的状态是否来自DoS攻击。

廉价的攻击工具登场了

人们通常以为DoS攻击需要很多台PC设备，但已经出现了可以操纵被劫持的PC设备实施攻击的工具，因此很容易就可以发动攻击。

Web浏览器中的F5攻击

由于在Web浏览器中重新加载页面时需按F5键，因此多次按F5键对服务器施加负载的行为被称为F5攻击。

术语用法示例

 "由于DoS攻击，服务器宕机了，我该怎么办？"

相关术语

网络犯罪……P182　越权访问……P183

暴力攻击与凭证填充攻击

目标是窃取密码

固定登录 ID，按顺序尝试密码的攻击被称为暴力攻击（也称循环攻击）。另外，针对反复使用同一密码的人为目标，以某种形式用攻击者获得的登录 ID 和密码列表进行非法登录的攻击被称为凭证填充攻击（也称密码列表攻击）。

 与术语相关的知识

暴力攻击的例子

如果密码是四位数字，则可以通过按顺序尝试0000、0001、0002等密码，直到与正确密码匹配就登录成功了。

暴力攻击的对策

为了防止同一ID连续登录尝试的可疑行为，可以设置在连续登录失败的情况下锁定该账户的功能作为对策。

反向暴力攻击

（攻击方）为了防止相同ID连续用不同密码登录失败而被锁定，会采用相同的密码依次尝试不同ID登录的"反向暴力攻击"。

术语用法示例

　"暴力攻击和凭证填充攻击的对策是不一样的。"

相关术语

双因素身份验证和两步验证……P178

术语 166

社会工程

瞄准人类的弱点

不使用计算机和网络技术,通过物理手段获得 ID 和密码的行为被称为社会工程。比起实施技术上的对策,利用人类心理上的漏洞往往更有效,因此作为对策,需要对员工进行深入的安全意识培训。

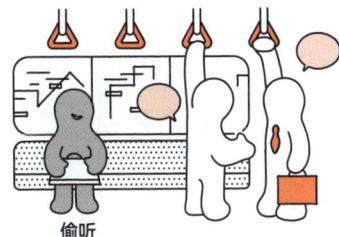

第 5 章　对抗网络攻击的信息安全术语

与术语相关的知识

隔肩窥视(人肉黑客)
在别人输入密码时有人隔着肩膀窥视,所以在类似输入密码的涉密行为时必须确认周围有没有人。

Trashing
打扫卫生时,有些涉密文件被随意扔进垃圾桶,这时候就会有人冒充清洁人员等从垃圾箱里翻找这些涉密信息,从而导致泄密。

用电话问出密码
有人会假冒上司给员工打电话,套出 ID 和密码,他们大多会用"事情紧急"让对方配合,最终得到他们想要的情报。

术语用法示例

 "社会工程是一种古老的方法,但很可怕。"

相关术语

 ……P180

双因素身份验证和两步验证

即使密码已知,若未经授权也无法登录

在输入 ID 和密码时,会向账户主人的智能手机等发送验证码,然后追加输入验证码的方法被称为两步验证。另外,将 ID 和密码等记忆信息、指纹和虹膜等生物信息、ID 卡等持有信息两种组合的方法被称为双因素身份验证。

与术语相关的知识

生物信息密码的应用案例

使用人类身体特征和行动特征的生物信息作为认证的方法称为生物信息密码(生物识别),多使用指纹、静脉、脸、虹膜、笔迹等。

一次性密码

除了 ID 和密码,使用临时发布且使用即失效的密码登录的方法被称为一次性密码,用于防止网络钓鱼欺诈及其他非法活动。

海外使用时的注意事项

使用智能手机短信验证码的两步验证方法登录的用户要注意,虽然在国内一直能正常登录,但是到了海外有可能因为不在手机信号服务区而无法接收短信导致无法完成认证。

术语用法示例

"如果开通了双因素身份验证和两步验证,就不用担心密码列表受到攻击了。"

相关术语

暴力攻击与凭证填充攻击 ……P176　　验证和授权 ……P187

单点登录

认证信息的继承

单点登录是一种通过已经在某个服务中注册的认证信息在其他服务中共用，从而避免在其他服务中再次注册登录的方法。由于不需要记住每个服务或应用程序的 ID 和密码，并且通过任何服务登录的信息都可以在其他地方使用，因此可以减少认证的次数。

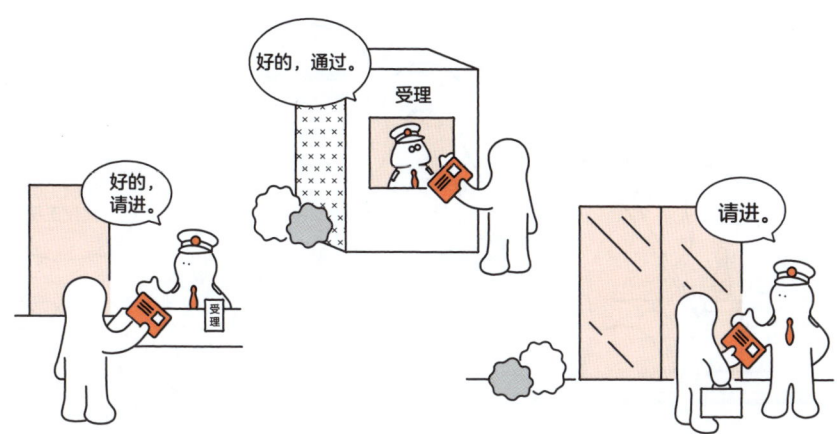

与术语相关的知识

单点登录的缺点

单点登录的特征是一旦在某个服务或平台认证了 ID 和密码，其他服务或平台也可以通用，但如果其中一个服务或平台的 ID 密码泄露，其他服务或平台都有可能被非法登录。

许多服务都在用 OAuth

在将账户与多个 Web 服务链接时，OAuth 通常用作授予部分信息以访问权限的功能。

SAML 规格基准

有一个称为 SAML 的规格基准，它定义了交换 XML 格式文档的单点登录时使用的身份验证信息的格式和协议。

术语用法示例

"最近，使用 SNS 的身份验证功能的单点登录正在增加。"

相关术语

社交媒体和 SNS ……P130　　验证和授权 ……P187

术语 169

冒充

以其他用户的身份进行活动

在未经本人许可下以他人身份进行活动的行为称为冒充。博客、SNS、购物网站等服务网站的 ID 和密码如果泄露,其他人就也可以登录该服务。如果发生网上银行非法汇款、购物网站非法购买等事件,就会造成 ID 持有人的金钱损失。

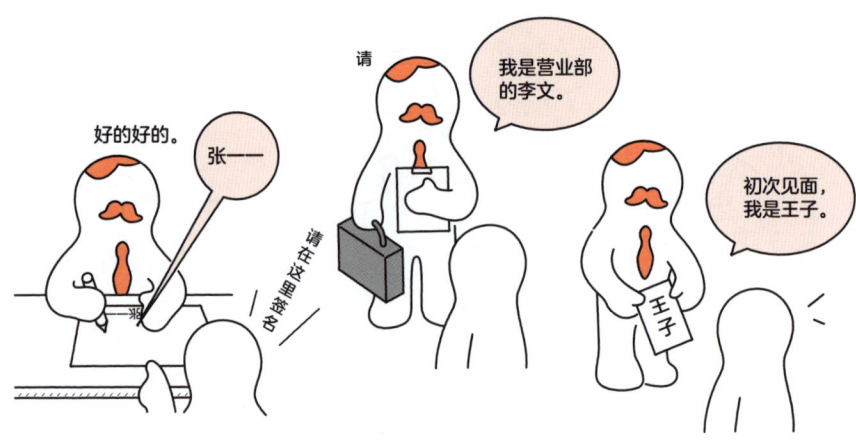

与术语相关的知识

网络钓鱼诈骗
通过邮件等手段将目标诱导到伪装成原来网站的假网站,盗取 ID 和密码的手法就是网络钓鱼诈骗。

在 SNS 上的冒充行为
即使在本人未创建账户的 SNS 中,也可能在未经本人许可的状态下被人擅自用该人姓名来创建账户,名人和明星是这种行为的主要受害者。

伪装的 IP 地址
对于只能从特定 IP 地址进行连接的服务,通过伪装 IP 地址进行连接来绕过安全限制的方法被称为 IP 伪装。

术语用法示例

💬 "我该怎么做才能发现网上的账户冒充行为?"

相关术语

社会工程 ……P177   匿名性 ……P181

匿名性

隐藏身份后行动

"匿名"是隐藏发信者身份的过程，因此该人不会因为互联网上的帖子之类的内容而遭受任何不利影响。由于许多网站可以匿名使用，因此通常无法通过查看内容来确定是谁发布的信息，但可以通过服务提供平台管理方来找到注册者的信息。

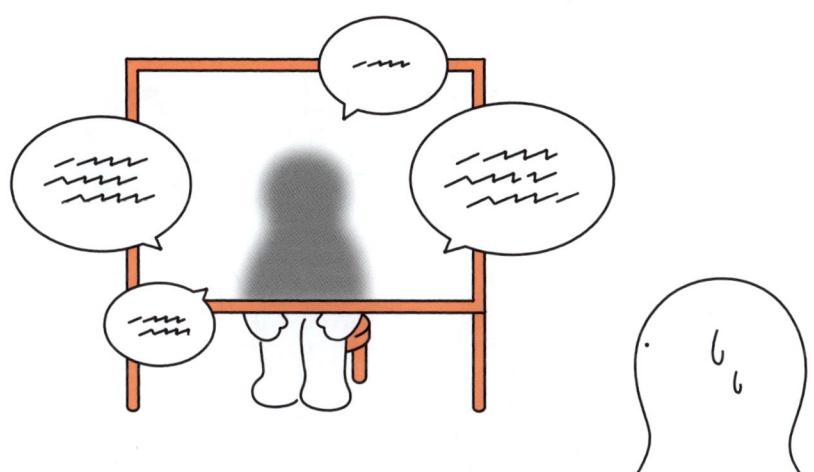

与术语相关的知识

匿名信息的可信度

匿名用户比实名用户发言的积极性更高，但匿名用户通常对其内容不承担任何责任，所以可信度较低。

匿名化连接路径 TOR

有一些方法可以对连接路由进行匿名处理，目的是向被访问的网站的管理员隐藏自己的 IP 地址，但不会影响通信内容的传输，如 TOR。

数据分析过程中的匿名化

从企业拥有的顾客数据中隐藏个人数据的加工被称为匿名化，如"K-匿名化"等方法。

术语用法示例

"不能说互联网已经确保了匿名性。"

相关术语

代理服务器 ……P115　　冒充 ……P180　　网络犯罪 ……P182

网络犯罪

正在逐年增加的利用互联网的犯罪

互联网上的犯罪统称为网络犯罪，包括盗取账号、非法汇款和非法访问信息等先进技术的犯罪。也有很多曾经并不依赖电子互联网的犯罪行为，如销售兴奋剂和毒品、盗版和非法集资的庞氏骗局等也逐步转为线上操作，因为网络犯罪具有高度的匿名性，受害者不计其数。

让我把这些人的关系搞坏吧。

与术语相关的知识

对于网络犯罪的相关法律

作为政府信息安全战略的一环，网络安全基本法明文规定了针对网络犯罪防范体制的强化和信息安全人才的培养等要求。

远程控制恶意软件事件

在2012年发生的一起远程控制恶意软件案件中，嫌疑人向感染恶意软件的计算机发送非法指令进行远程控制，并在论坛上发布了犯罪宣言。

多层防御的概念

由于仅靠杀毒软件和防火墙无法完全防止病毒入侵和信息泄漏，因此需要多种措施相结合的多层次防御。

术语用法示例

"网络犯罪的特点是很难看到作案者正在做什么。"

相关术语

针对性攻击……P174　匿名性……P181　越权访问……P183

越权访问

通过网络攻击

通过互联网和 LAN 等网络非法访问他人的计算机,如使用非法获取的 ID 或密码冒充他人进行登录的行为称为越权访问,是一种网络犯罪行为。即使该行为没有造成账户主体的损失也是违法的。

与术语相关的知识

管理者的义务

《禁止未经授权的访问法》(日本)不仅规定了对非法访问者的处罚规则,还规定了服务器管理员为防止非法访问必须承担的责任和义务。

端口扫描检查

端口扫描是一种检查连接到网络的设备的每个端口是否可以访问并收集信息的方法,用于制定攻击策略。

行为判定上的差异

由于越权访问是指通过网络远程操作计算机的行为,因此与直接操作计算机键盘的违法行为有所区别。

术语用法示例

"如果你发现了一个漏洞,并擅自利用它,就会被定义为越权访问。"

相关术语

(网络犯罪)……P182　(防火墙)……P200

术语 173

脆弱性和安全漏洞

会被攻击者瞄准的弱点

信息安全上的缺陷被称为漏洞,不仅用于计算机领域的硬件和软件,还用于人员和业务流程。"脆弱性"这个词主要指安全漏洞。其实很多情况下即使已经有了漏洞,但并不影响其正常功能的运作。

与术语相关的知识

应用修复程序
发现漏洞后,开发人员将提供修复此问题的修复程序(安全补丁程序),需要立即启动它。

应对漏洞
如果发现软件或网站中存在漏洞,则需要将其报告给接收组织IPA(信息技术促进机构)。

让第二次攻击变得更容易
如果攻击者成功入侵,攻击者可能会利用一种称为"后门"的程序,以简化以后的入侵。

术语用法示例
 "安全漏洞一词多用于软件漏洞。"

相关术语
黑客(Hacker)和骇客(Cracker) ……P168　错误和调试 ……P220

零日攻击

在修复之前发生的攻击

从发现漏洞到提供补丁程序之间的攻击称为零日攻击。发现漏洞后,软件开发人员需要研究漏洞并对其进行响应,但是往往很难第一时间找到所有问题,如果攻击者首先找到它,则将进行零日攻击。提供修补程序的日期被认为是第一日,则该攻击行为被计算为修复发生的前一天,即第零日。

在被堵住之前,从这个洞里侵入吧。

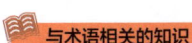

与术语相关的知识

在软件发布前的漏洞诊断

在开发 Web 应用程序或软件时,对于安全人员而言,执行漏洞诊断以排查漏洞至关重要。

奖励漏洞发现者

为了降低零日攻击的可能性,越来越多的企业采用了委托外部专家发现漏洞,并向发现者支付奖励的制度。

收集漏洞信息

虽然很难防止零日攻击,但收集发现漏洞的相关信息是很重要的,请参考 JVN 等门户网站。

术语用法示例

💬 "我们无法防止零日攻击,但我们需要不断收集相关的最新信息。"

相关术语

黑客(Hacker)和骇客(Cracker)……P168　　脆弱性和安全漏洞……P184

ISP(互联网服务提供商)

互联网连接的必要环节

提供连接到互联网服务的企业被称为ISP(互联网服务提供商)。为了使用互联网,除了开通ISP服务,还需要与线路运营商签订合同。许多ISP不仅为会员提供连接服务,而且提供各种周边服务,如提供电子邮件地址和可以打开主页的Web服务器区域。

与术语相关的知识

与线路运营商的区别

线路运营商提供光纤、有线电视等物理线路,而ISP提供连接的服务。

网络服务提供商责任限制法

如果随意删除用户发布的信息,可能会被发布信息的用户起诉;如果对用户发布的信息置之不理,可能会被信息的受害者起诉。根据这样的风险,有一部《网络服务提供商责任限制法》来限定ISP的责任。

公开发信者信息

如果发信者在互联网上进行了不适当的投稿,警方有权要求ISP提供发信源的IP地址等信息,追究其实体个人。

术语用法示例

"即使是同一条线路,如果你换了一个提供商,你的通信速度也会改变。"

相关术语

网络共享和漫游 ……P22　　尽力服务(Best Effort) ……P23　　因特网和内联网 ……P39

验证和授权

除身份验证外，还需要获得本人许可

"验证"是一种识别特定个人是否为授权用户的方法，ID 和密码通常被用作确定方法。另外，控制对认证用户的访问权限并根据该用户的情况提供一定权限的行为被称为授权。授权的范围不仅包括该用户对特定内容"是否可编辑"的权限，而且包括"是否可引用"的权限。

与术语相关的知识

与"识别"的区别

当控制访问后，用户登录需要经过"识别→认证→授权"这些阶段。"识别"意味着给每个用户分配 ID，可以使用员工号码或邮件地址等作为 ID 名。

风险认证

"风险认证"是一种根据用户的 IP 地址等信息，发现该用户 ID 在与平时不同的地方进行登录时，会对用户发出通知，并要求用户输入附加密码的认证方法。

防止机械登录

为了防止恶意利用计算机程序自动登录和投稿，经常使用一种图像验证码（CAPTCHA）来验证登录主体是否为真人的方式。

术语用法示例

"有时候即使该用户已通过身份验证，也未必能获得登录权限。"

相关术语

双因素身份验证和两步验证……P178　　访问权限……P188

访问权限

确定用户可以访问的范围

仅限于特定的人才可以访问文件、数据库等内容的权利被称为访问权限。"最小特权原则"是指对使用者或部门只授予活动所必要的最小限度权限的原则。在最小特权原则下,通常以一般用户的权限执行业务,并且仅当需要作为管理者的业务时才临时授予相关权限。

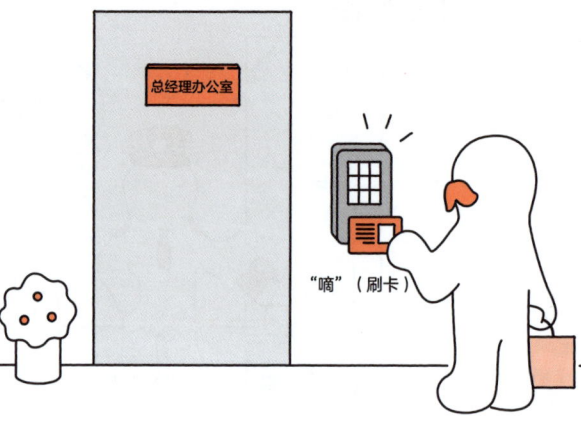

与术语相关的知识

指强大权限的"特权"

可以让系统停止或产生变更等操作的非常强大的权限被称为"特权"或"管理员权限"。仅在必要时使用,因为如果被滥用,可能会产生严重的问题。

与所有权的区别

所有权是指拥有该文件或文件夹的权利,通常授予创建该文件或文件夹的人,而访问权是指所有者以外的人访问该文件或文件夹的权利。

权限设定

用户对文件读取、写入、执行等权限被称为访问权限,并且在基于UNIX的OS中,可以为每个文件或文件夹的用户和组设置访问权限。

术语用法示例

"由于人事变动,部门发生了变化,希望能给我访问权限。"

相关术语

验证和授权 ……P187　系统监控和安全监控 ……P202

术语 178

加密与解密

即使信息被窃听了，窃听者也不明白里面的内容

任何人都能读懂的普通内容称为明文，被别人看到但不明白其意思的内容称为密文。从明文创建密文称为加密，从密文恢复为明文称为解密。当将数据传递给通信伙伴时，通常使用加密来防止内容被窃听，因为窃听者即使在传送途中截获了信息也不会解密出内容。

第 5 章 对抗网络攻击的信息安全术语

 与术语相关的知识

第三方加密文件进行解密

使用密码进行通信的双方以外的第三方用推测出的密钥将密文解密为明文，或者谋求到用于将密文恢复为明文的密钥的行为被称为"破解"。

经典密码学的典型示例

将不同字符按规律分配给明文以替换部分字符，或按规律插入明文字符中以换位的加密方式被称为转置密码加密，即经典密码学。这种密码方式已经使用了很长时间。

现代密码学的特点

如果知道了转置密码的转换规则，则可以很容易地破解密文，但是对于现代密码，即使知道转换规则但不知道密钥的话依然无法破解密文，可以说现代密码的加密方式是更安全的。

术语用法示例

 "文件已加密，如何解密？"

相关术语

(混合加密) ……P190　(电子签名) ……P192　(凭证) ……P193　 ……P194

189

混合加密

公共密钥加密系统和通用密钥加密系统的组合

"混合加密"是一种利用公共密钥加密和通用密钥加密各自的长处来弥补缺点的方法。公共密钥密码用于加密实际发送或接收的大数据,公共密钥密码用于通过网络交换公共密钥加密中使用的密钥和交换认证数据,散列用于确认发送或接收数据的完整性。

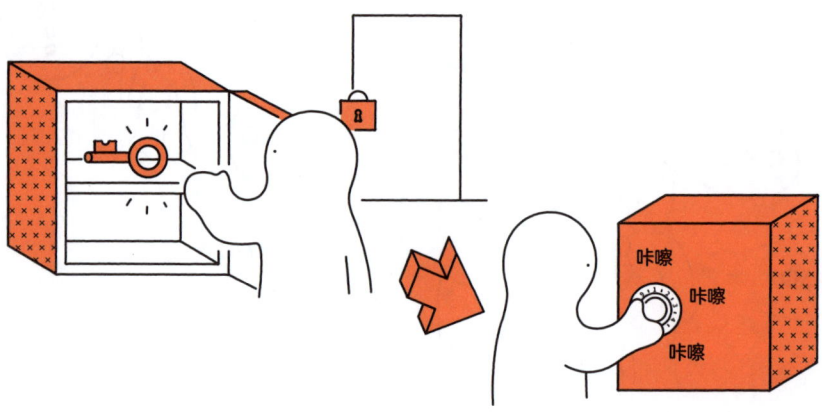

 与术语相关的知识

通用密钥加密系统的特点

通用密钥加密系统可以通过使用同一个密钥进行加密和解密的方法来高速处理,但是存在如何将密钥传递给通信伙伴的问题,并且密钥的数量随着使用人数的增加而增加。

公共密钥加密的优点

公共密钥加密系统在加密和解密中使用不同的密钥,并且仅准备这一对密钥就够了,所以即使当通信伙伴的数量增加时,密钥数量也不会增加,并且密钥可以很容易地传递给通信伙伴。

公共密钥加密系统的缺点

公共密钥加密系统与通用密钥加密系统相比,需要执行更复杂的计算,所以公共密钥加密系统具有高负载且不适合于大文件的加密的问题。此外,还需要相关认证机构的凭证。

术语用法示例

 "混合加密是公共密钥加密和通用密钥加密的优点的集合体。"

加密与解密……P189 凭证……P193 SSL 和 TLS……P194

术语 180

散列

用于检测篡改

根据输入值计算并返回适当值的函数中,具有"难以进行反方向的计算""如果输入值稍有变化,则获得的值会发生很大的变化""来自相同输入的相同值"的特征的函数称为散列函数(哈希函数),而获得的值称为散列值(哈希值)。利用其特性,可用于检测文件篡改并保存密码。

与术语相关的知识

如何检测篡改
通过将文件及其哈希值一起发送,接收者可以从文件中计算哈希值,确认其匹配即可确认其未被篡改。

用于存储密码
保存密码时,仅保存计算出的哈希值,即使泄漏了也难以猜出原始值,确保了安全性。

在编程中的使用
在一些编程语言中,有一种叫作哈希的数据结构,它将标题和正文成对存储,就像字典一样。同时被称为关联数组。

术语用法示例

 "散列是不可逆的,因此它们不同于密码学。"

相关术语

电子签名……P192　凭证……P193　数字取证……P199

术语 181

电子签名

确认某文件是由某人创建的

"电子签名"是一种用于证明电子文件是"本人制作的"或"批准的"的方法，如同对文件的盖章或签名。其目的是证明电子数据不会被他人改写或被擅自制作，使用了公钥加密技术。

与术语相关的知识

使用公钥加密的电子签名

使用公开密钥加密的方式，用签名者的公开密钥对用秘密密钥签名的数据进行解密并验证的方法称为数字签名。

不可否认

如果成功解密，则证明被解密的电子文档是由签名者创建的，并且签名者不能否认创建该电子文档的事实。

软件数字签名

为了防止通过伪装者进行欺骗和篡改的行为，存在有对软件进行数字签名的代码签名证书。

术语用法示例

 "在自己制作的文件中加上电子签名会更安全。"

相关术语

……P191 ……P193

术语 182

凭证

来自第三方的认证

在公钥密码系统中,需要由管理公钥的认证机构发行作为证明的"凭证",以确保所提供的密钥是真实通信伙伴的密钥。由于任何人都可以创建公钥和私钥,因此需要通过具有公信度的机构的电子签名的凭证才可以安全地进行交易。该认证机构被称为数字证书颁发机构(CA)。

与术语相关的知识

浏览器根证书
由具有一定公信度的数字证书颁发机构颁发的最高级别证书称为根证书,在安装Web浏览器时会自动导入。

防冒名诈骗证书
如果是仅使用公钥密码执行加密的通信,则可以创建一个由自己签发该证书的自签名证书,该证书用于防止他人冒充,也称为防冒名诈骗证书。

证书的认证等级
SSL和TLS使用的证书有"域认证""企业认证""EV认证"三个认证级别,CA的审查内容不同。

术语用法示例

 "公钥密码证书就像市政厅的印章注册证书。"

相关术语

……P191　电子签名……P192

SSL和TLS

对通信进行加密

　　SSL 和 TLS 用来加密用户通过 Web 浏览器浏览网站时的通信内容。例如，在网站上输入银行卡号和个人信息时，一定会检查通信是否加密。支持 SSL 或 TLS 的站点使用称为 HTTPS 的协议，因此 URL 以 https 开头，并显示一个挂锁图标。

与术语相关的知识

验证网站的真实性
　　SSL 和 TLS 不仅可以实现通信的加密，而且可以通过查看服务器使用的证书来证明网站运营组织是否真实存在。

椭圆曲线加密方式正在增加
　　到目前为止，公钥加密方法通常采用RSA加密，而既能缩短密钥长度也能确保相同级别的安全性的椭圆曲线加密方式正在普及。

全页面SSL化
　　过去因为SSL的导入成本和响应速度问题，仅针对输入表单导入了SSL，但最近将所有页面都导入SSL的"全页面SSL化"的做法已经普及。

术语用法示例

"如果使用了SSL或TLS协议，就不怕互联网通信被窃听了。"

相关术语

HTTP 和 HTTPS ……P112　　加密与解密 ……P189　　VPN ……P196

WEP和WPA

无线局域网加密系统

使用无线 LAN 时，需要进行加密以防止在通信过程中通信内容被查看或篡改。过去通常使用一种称为 WEP 的加密方法，但是目前已经发现了一种在短时间内解密 WEP 的方法，因此建议大家使用 WPA 方法或 WPA2 方法加密。

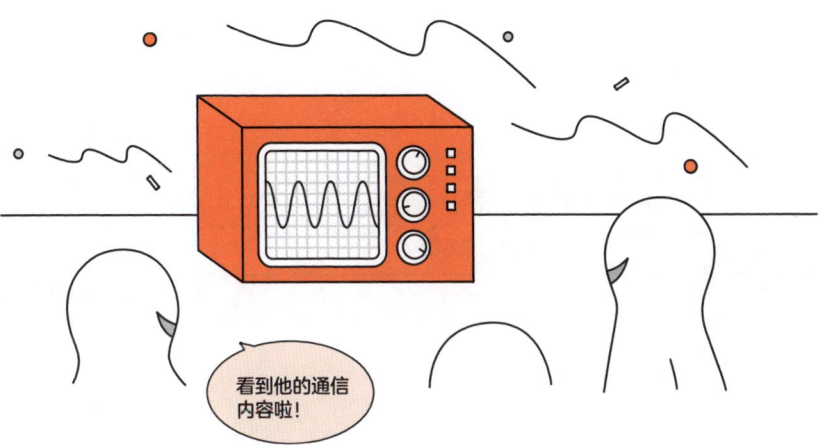

与术语相关的知识

普通家庭常用的PSK

通过 WPA 或 WPA2 进行通信时，通常使用一种称为 PSK 的方法，该方法预先共享密钥，被称为WPA-PSK或WPA2-PSK。

小心假的接入点

如果攻击者私设的访问点具有与合法访问点相同的SSID和加密密钥，则用户的设备可能会自动连接到假冒的访问点。

蹭网

如果家中的无线局域网路由器没有更改初始密码，就有可能被他人擅自利用，这些擅自利用其他人的无线局域网路由器的行为就是蹭网。

术语用法示例

"我家的无线局域网的加密方式以前是WEP，现在改成了WPA2。"

相关术语

接入点 ……P113　加密与解密 ……P189

VPN

在公共无线局域网上实现安全通信

VPN 利用加密等技术，用虚拟方式实现了像专线一样安全的通信。即使远程位置的互联网使用 VPN 也可以实现安全通信。例如，可以从外出的地点访问公司内部网站。虽然现在到处都有公共无线局域网，但很多人对通信内容安全性有着较高的要求，因此 VPN 很受关注。

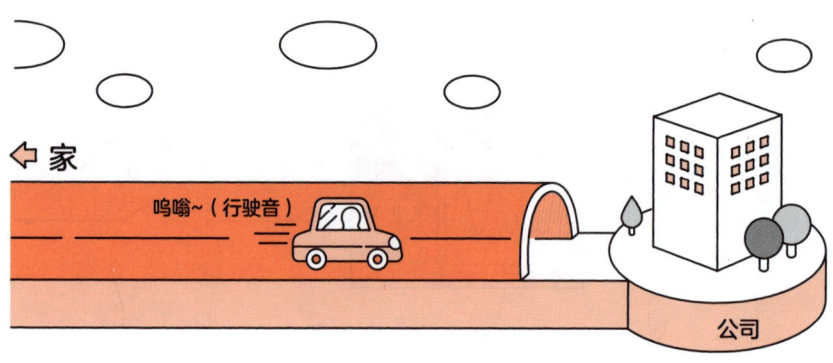

与术语相关的知识

VPN 的使用范围

因为工作方式改革，远程办公正在普及。由于很多人需要从外出地或家中访问公司内部的网络，所以 VPN 的使用量正在扩大。

SSL-VPN 是移动办公的理想之选

SSL 可以在 Web 浏览器等多种软件上使用，不需要安装专用软件，十分适合外出时使用。

适用于办公室间通信的 IP-VPN

IP-VPN 可实现更快、更广泛地通信，可帮助公司总部和分支机构的办公室之间实现安全通信。

术语用法示例

 "在咖啡厅和车站连接公共无线局域网时，VPN 是必不可少的。"

相关术语

远程办公 ······P18　　SSL 和 TLS ······P194　　瘦客户端（Thin Client）······P203

分组过滤

在通信路径上进行内容检查

数据包过滤是通过检查源和目的地的 IP 地址和端口号来控制通信的功能。如果只允许从外部与公司中的特定服务器进行通信，则分组过滤会仅允许与该服务器进行通信。当仅允许公司中的特定计算机与外部通信时，则分组过滤会检查传输源的地址并判断是否允许通信。

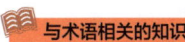 与术语相关的知识

与内容过滤的区别

内容过滤会对数据内容进行检查，但是分组过滤仅通过包头的内容来判定。

侵犯通信秘密

在日本，《日本国宪法》（第21条）和《电信事业法》（第3条）禁止审查制度，规定不得侵犯通信秘密。

网站屏蔽行为成了热门话题

就 ISP 为了阻止盗版而屏蔽了一些海外网站的行为是否构成了侵犯通信秘密的问题成了近几年的热门话题。

术语用法示例

 "我尝试在防火墙上设置数据包过滤。"

相关术语

……P102　……P119　……P200

密码危机

密码安全正在受到威胁

计算机的性能日益提高,这是必然趋势。有人会利用强大性能的计算机并同时增加运算的计算机的数量,有可能找到密码密钥,称为密码危机。但就目前情况来说,对于公共密钥加密系统和通用密钥加密系统保护下的文件,如果不知道密钥的人想要破译,就需要尝试大量的密钥,破解需要很多时间,这是安全的依据。起码在发现能够快速执行大多数素因数分解的解法之前将一直如此。

素因数分解成功!

$1560560959 = 17489 \times 89231$

与术语相关的知识

管理过期证书
当私钥泄漏或加密方法变得不可靠时,证书被禁用称为失效,并由证书颁发机构注册到证书失效列表(CRL)中。

在服务器端确认失效
随着 CRL 中注册的吊销信息数量的增加,证书的大小也会增加,下载会越来越耗时。因此有一种名为 OCSP 的查询证书可以查询证书在 CRL 的状态。

量子计算机的潜力
现在,基于量子力学的计算机正在研究中,人们期待着依靠其计算性能高速处理素因数分解等工作。

术语用法示例

 "密钥长度太短的加密方式已经变得十分危险,不能继续使用了。"

相关术语

加密与解密 ······P189

术语 188

数字取证

对PC上的残存记录进行分析

对设备中存储的数据、残留的日志文件等进行收集和分析,并找到事件的起源的行为被称为数字取证。它通常用于发生计算机犯罪或法律纠纷时,有时也被称为计算机取证,因为它处理的对象是计算机存储的数字数据。

第 5 章 对抗网络攻击的信息安全术语

各个角落都要查看清楚啊。

与术语相关的知识

作为刑事调查对象的数据文件
日志和残留文件的分析结果在法律上可以作为证据,用于网络非法连接等相关犯罪的调查。

需要专用工具
现在还出现了有助于数字取证的专用工具,可以导出带有证据能力的分析报告。它的基本功能包括数据恢复、复制、分析等。

取证时不应操作计算机
由于计算机仅通过重新启动就能重写部分数据,因此在执行取证时不应操作计算机。

术语用法示例

"因为有信息泄露的危险,所以用数字取证进行分析。"

相关术语

……P191

199

防火墙

阻挡不正当的通信

防火墙就像是设置在互联网和公司内部网络的边界，担任公司内部网络的"看门人"。它监视通信数据，根据预先设置的规则决定是否允许数据的传输。防火墙不仅可以切断来自外部的通信，而且可以切断内部向外部的通信。

与术语相关的知识

多种产品的出现

有些防火墙产品仅根据通信目的地的描述信息来判断连接的适当性，而有些产品则详细检查通信内容。有些OS本身也自带简单的防火墙功能。

作为缓冲区的DMZ

当划分网络时，DMZ是位于网络互联网和内部网络之间的区域，起到缓冲区的作用。

IDS和IPS

IDS是一种类似于监视摄像机的设备，可以检测到来自外部的攻击，而IPS是具有阻止未经授权而入侵的功能。

术语用法示例

"你需要设置防火墙以防止来自外部的攻击。"

相关术语

越权访问……P183　　分组过滤……P197

信息安全（三要素）

信息安全中的CIA

信息的机密性（Confidentiality）、完整性（Integrity）和可用性（Availability）统称为"信息安全性"，首字母缩略词为CIA。如果不能同时保证这三个要素，则可以说信息安全性不高，有可能发生风险。因此，把握住这三个要素，才可以毫无遗漏地保护信息。

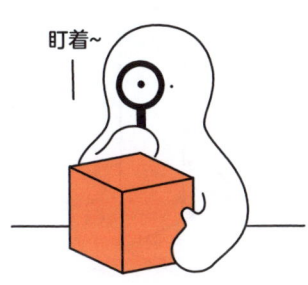
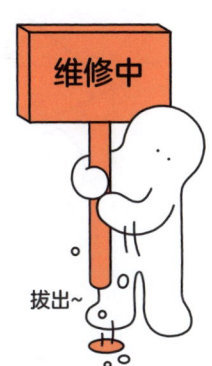

与术语相关的知识

什么是机密性

适当地授予权限，以便用户对仅限于被授予访问权限的内容进行浏览和处理，并对其进行加密等状态被称为机密性。

什么是完整性

完整性是指没有被非法改写或丢失信息，内容没有被篡改或破坏，处于正确状态就意味着保持了完整性。

什么是可用性

减少因灾害、系统故障、网络攻击等引起的系统无法使用的异常状态，且从异常状态快速恢复为正常状态，被称为高可用性。

术语用法示例

"为防止遗漏，请考虑信息安全的三个要素。"

相关术语

(权衡)……P98　(加密与解密)……P189　(电子签名)……P192

系统监控和安全监控

内部和外部的双重检查

对信息系统的可靠性、安全性、效率性等进行客观检查和评价，称为系统监控；对包括信息系统以外的部分在内的整个信息资产的安全措施及其运行状况进行的检查，称为安全监控。

与术语相关的知识

经济产业省的审计标准

经济产业省已经制定了信息安全管理标准和信息安全审计标准，作为从第三方的角度进行审计的标准。

帮助整顿改进的建议式审计

一种审计的新方法，用于检查被审计组织中的信息安全问题和与其应有状态的差距，并根据其内容提出改进建议，也被称为咨询型审计。

作为基础保障的保证型审计

着重针对被审计的组织的信息安全相关管理状况是否恰当的审计方式被称为保证型审计。它通常用于被审计方在申请安全信用时。

术语用法示例

"系统审计和安全审计的作用不同，但这两者都是必要的。"

相关术语

内部控制……P30　事故和故障……P108

术语 192

瘦客户端（Thin Client）

不存储数据的终端

瘦客户端可以与服务器连接，但它只传送画面的显示内容、键盘和鼠标的输入等最小限度的信息，且内部不存储数据。该终端避免了由于防止信息因终端丢失或被盗而泄露的风险，并且由于仅具有最小功能，成本低廉。但是，瘦客户端的功能实现严重依赖网络，如果不和网络连接，几乎什么都做不了。

第 5 章　对抗网络攻击的信息安全术语

▲ 不带现金出门　　　　　　　▲ 需要现金时再取款

 与术语相关的知识

瘦客户端的实现方式
通常瘦客户端是从内置硬盘等启动OS，但是基于网络引导系统的瘦客户端是从服务器下载OS后启动。

线路速度很重要
瘦客户端通过网络传送画面等信息，考虑到通常有多个利用者同时利用的问题，网络线路的速度就变得很重要了。

基于数据保护的理念
由于只对应该保护的信息赋予访问权限，不能防止正规的利用者带出信息，所以搭载了监视重要信息的DLP系统。

术语用法示例

💬 "有了瘦客户端，但如果没有网络连接依然无法做任何事情。"

相关术语

……P18　……P196　……P212

203

补充

认识网络隐语

在浏览网页时，我们会发现论坛、贴吧等网站上使用隐语（网络俚语）的情况有很多。像第 3 章出现的"代理 = 代理服务器"一样，下表是日语中一些常见的技术用语和公司名称的隐语（这些隐语多来自日语中的同音字、词、谐音或延伸意等，翻译后将失去其本来的效果，故此处不对其进行翻译）。我们国家 IT 行业的人经常把调制解调器 Modem，叫作"猫"，把规模很大、知名度很高的互联网公司称为"大厂"，一些程序员经常自称"码农"，这些都是行业隐语。

隐語の例	意味
垢	アカウント
鯖	サーバー
うp	アップロード
自宅警備員	ニート、引きこもり
尻	シリアル番号
ROM	書き込みに参加しないこと
密林、尼	Amazon
林檎	Apple
窓	Windows
増田	Anonymous Diary（アノニマスダイヤリーの「マスダ」部分を取ったもので、匿名掲示板の投稿者のこと）
ようつべ	YouTube（ローマ字読み）
みかか	NTT（カナ入力したときのキーボードの配置）

隐语一般是指在业界朋友圈内使用的词语（或称为行话），另外，也常在网络的留言板上使用。不知道隐语内涵的人看了，可能完全不知道在说什么，而且就算通过网络搜索，也有可能找不到想要的信息（因为有些隐语可能已经被其他行业作为专业术语使用了，搜索引擎反馈的结果往往是该词语原本的含义。当然大多数常用隐语能够通过网络搜索出其所对应的行业含义）。如果读者遇到了没见过的隐语，则可以通过搜索自己了解其含义。

第 6 章

IT业界的基本术语

术语 193~230

术语 193

五大设备

所有计算机通用的设备及其功能

从小设备到服务器,现代计算机都是由五部分组成的,称为五大设备。一般分为"输入设备""输出设备""运算设备""控制设备""存储设备",计算机通过在这些设备之间传递数据和控制指令来完成运算。可以通过学习这些构成要素的知识来掌握计算机的基本操作原理。

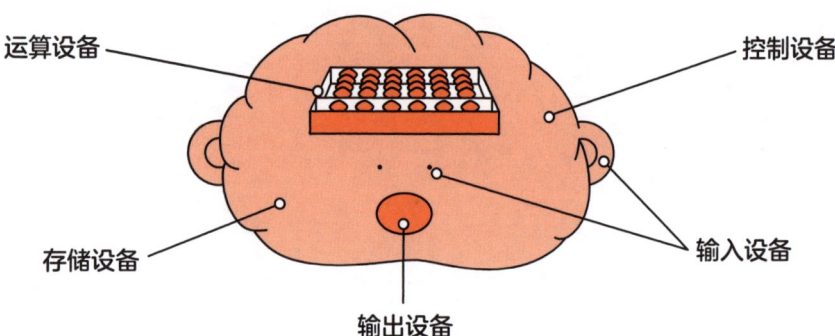

 与术语相关的知识

输入设备和输出设备

除了鼠标和键盘,输入设备还包括触摸板和麦克风等。输出设备除了显示器、扬声器、打印机之外,还有振动器等。

主存储设备和辅助存储设备

在存储设备中,除了可与CPU直接交换的存储器等主存储设备,还有硬盘、SSD、USB存储器等辅助存储设备。

运算设备和控制设备

在计算机上进行计算或控制的类似于"大脑"的设备有运算设备和控制设备,主要包括CPU、GPU、FPGA等。

术语用法示例

"把计算机的构建原理用五大设备来考虑的话就很容易理解了。"

相关术语

CPU 和 GPU ……P54   存储器 ……P209

206

IC（集成电路）

小电子零件的组合

将不具有固定结构的部件逐个组合成单个芯片的电子电路称为IC（集成电路）。现代计算机使用的电路几乎都是IC。通过使用集成电路，不仅可以降低成本，而且可以减小尺寸，提高处理效率。它还具有防止因组装失误而发生故障的优点。

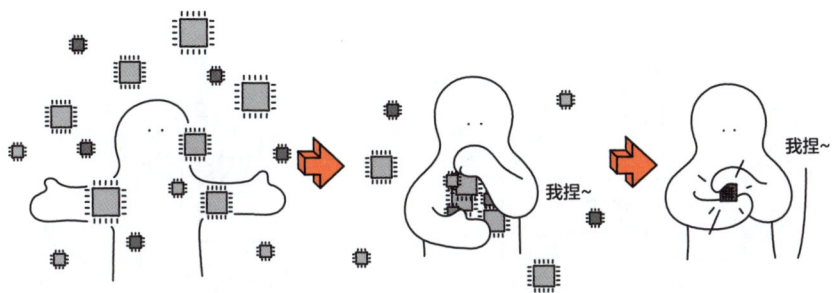

 与术语相关的知识

与LSI的关系

把很多IC高密度地组合在一起的东西（高密度封装后的IC）被称为LSI（大规模集成电路）。最近的CPU等因为密度更高而被称为VLSI和ULSI。

正在普及的IC卡

在卡中嵌入IC芯片的IC卡被广泛应用于公交检票系统、信用卡、手机SIM卡等领域。

ID卡

ID卡通常作为身份证，也包括工作证等。最近，通过在ID卡中放入IC芯片，可以进行大容量的存储，在安全方面也较好。

术语用法示例

 "用这么小的芯片就能实现高速处理，IC技术太厉害了。"

相关术语

(CPU 和 GPU)……P54

设备和设备驱动程序

PC外设的操作

连接到计算机上的鼠标、显示器、打印机等外围设备称为外设。连接和控制外围设备所需的 PC 端软件称为设备驱动程序。它承担着类似司机的角色,可以通过应用程序进行操作。

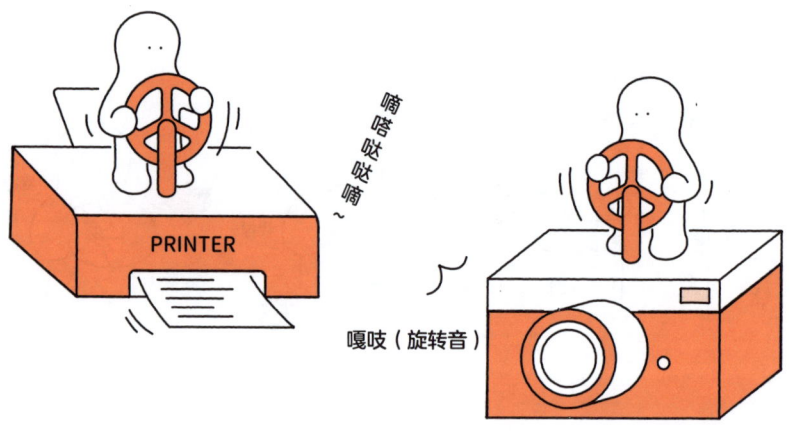

与术语相关的知识

即插即用

从 Windows 95 开始,引入了即插即用机制,在连接设备时,设备驱动程序通常会自动安装。

与 BIOS 的区别

BIOS 用于在操作系统运行之前控制硬件,而设备驱动程序则在操作系统运行之后使用。BIOS 的后继是 UEFI。

与固件的区别

除了用于移动硬件的软件,还有一些固件,固件是用于连接的外围设备侧的软件。

术语用法示例

 "操作设备需要设备驱动程序。"

相关术语

(VGA 和 HDMI)……P60　(串行和并行)……P77

存储器

大容量的存储设备

用来长时间存储数据的存储设备称为存储器，即使关闭电源，数据也不会丢失。存储器不仅包括硬盘、SSD、DVD、CD、U 盘等连接电脑使用的物品，而且包括互联网上为每个使用者准备的在线存储区域，如云盘等。

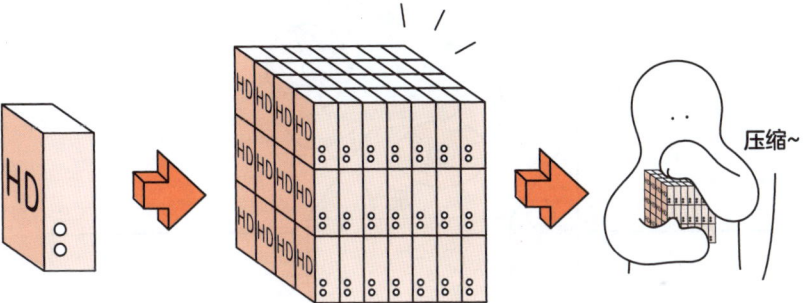

与术语相关的知识

内部存储的类型

保存在计算机系统内部的内部存储器有 PC 上的硬盘和 SSD，智能手机上的闪存（半导体存储器）等。

外部存储的类型

连接到计算机外部使用的外部存储器有 USB 存储器和通过 USB 接口连接的硬盘、SD 卡等。多用于携带使用。

RAM 和 ROM 的区别

可以改写的存储器被称为 RAM，不能改写的存储器被称为 ROM，最近也有将智能手机的内部存储器写成 ROM 的情况。

术语用法示例

"存储器有很多种，我该怎么用呢？"

相关术语

……P118　……P210

安装

使存储设备可用化

使 OS 等识别 USB 存储器、CD、DVD 等外设，使其处于可用状态称为安装，反之将其卸下称为卸载。当外部存储设备连接到计算机时，仅连接外部存储设备往往不能直接使用，如在基于 UNIX 系统中，需要用目录来加载。

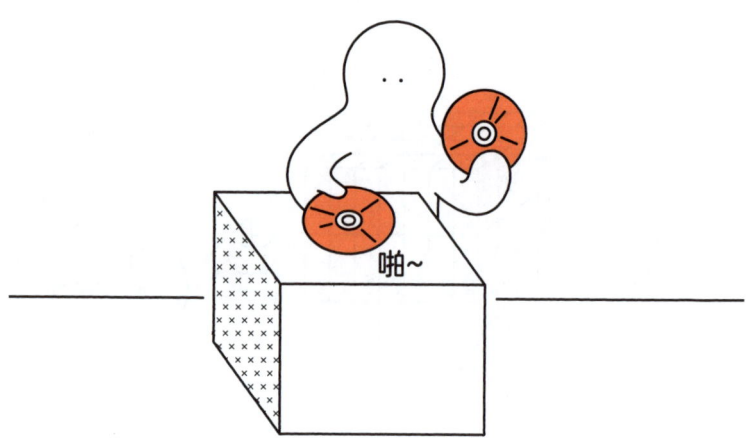

与术语相关的知识

挂载 ISO 文件

一种常见的方法是挂载一个 ISO 文件，其中包含 CD 或 DVD 的内容，就像实际安装了 CD 或 DVD 驱动器一样。

机架安装

在数据中心等专用的机架（机器）中安装服务器、存储设备等，称为机架安装。机架的宽度由规格决定。

与附加（attach）的区别

在云服务中，将磁盘逻辑地添加到虚拟机上，就像设备存在于虚拟机上一样，有时称为附加。

术语用法示例

"存储设备不仅要连接，还要挂载才能使用。"

相关术语

导入和导出 ……P64   物理 ×× 和逻辑 ×× ……P78   存储器 ……P209

术语 198

不间断电源设备(UPS)

应对雷击等导致的电源骤停问题

在发生电源骤停时,为了保证一定时间内能够继续供电以使服务器等实现安全停止而使用的设备称为不间断电源设备,简称 UPS。大多数情况下该设备仅支持几分钟至 30 分钟的短时间继续供电,是一种为临时停电做准备的设备。当发生地震等灾害而导致长时间停电时,则需要另外准备发电机等设备。

第 6 章 IT 业界的基本术语

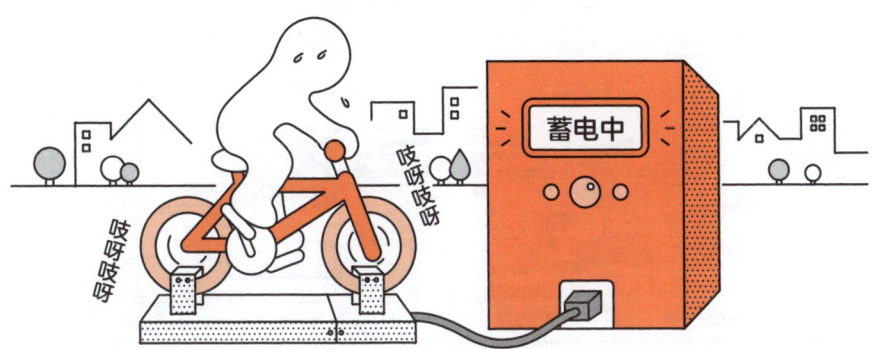

 与术语相关的知识

越来越多的建筑物中配备了独立发电设备

为了防止发生灾害时停电时间过长而导致业务停止,越来越多的建筑物配备了自行发电设备。即使发生停电,也能维持 2~3 天。

防雷电涌功能

还有的 UPS 具有防止雷击停电产生瞬间过电压的功能。如果不具备这个功能,则需要另外引入浪涌保护器。

注意使用寿命

UPS 的使用年限在 5 年左右,接近寿命时需要更换电池等。如果不更换,可能会导致电压下降或停止工作。

> **术语用法示例**
> "因为雷击导致停电,不过引进了UPS真是帮了大忙啊。"

相关术语

数据中心 ……P26

211

刀片式PC

用于数据中心的计算机

为了在数据中心等地容纳大量计算机而制作了专用机箱，并将CPU、内存、硬盘等安装在基板上的薄型计算机称为刀片式PC。它没有显示器等设备，可通过网络从远程访问，实现了信息的一元化管理。

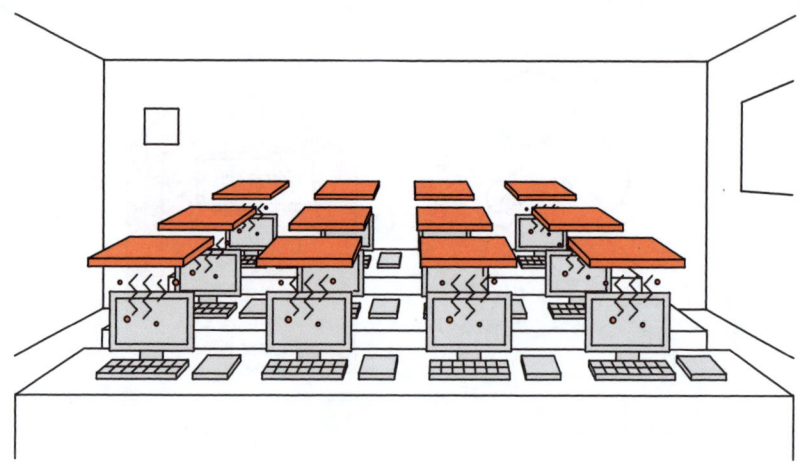

 与术语相关的知识

更好地利用空间

由于可以并排收纳相同尺寸的机箱，因此可以实现空间的密集利用和维护的高效率化，在需要大量计算机设备的企业中很受欢迎。

有效防盗

一般的计算机便携，但失窃的风险大，而刀片式PC安装在数据中心等地集中管理，因此可以有效防止失窃。

减少数据外流

由于刀片式PC在用户方不需要主体，因此可以避免通过USB存储器的便携式介质将数据转移到外部事件的发生。

术语用法示例

"我用瘦客户端连接刀片式PC。"

相关术语

数据中心 ……P26　　瘦客户端（Thin Client）……P203

虚拟机

在软件上运行的计算机

通过使用软件实现虚拟计算机,从而允许多个操作系统在单个计算机上运行的软件称为虚拟机。用户不仅可以低成本地使用多个操作系统和不同版本进行验证,而且可以均衡负载。虚拟机帮助用户节省了购置设备的成本开销,却可能会减少一定的性能。

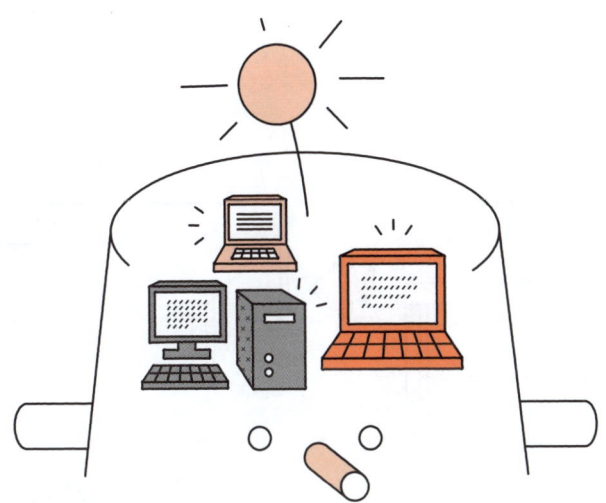

与术语相关的知识

易于使用的完全虚拟化
通过在BIOS级别复制硬件来运行操作系统被称为完全虚拟化,并且可以按原样运行正常的操作系统。由于全过程都是在软件中执行的,所以处理速度会变慢。

运行平稳半虚拟化
与完全虚拟化相比,运行自定义虚拟操作系统的方法称为半虚拟化,它不会直接虚拟化硬件。

广受欢迎的Docker
Docker是将服务器等基础设施和Web服务等应用程序作为一个容器在Linux上运行的工具之一。

术语用法示例

 "通过虚拟机还可以让你在macOS上运行Windows。"

相关术语

虚拟化……P27　　虚拟内存……P214

虚拟内存

用软件实现内存管理

虚拟内存是一种分配内存区域的方法,即使该内存区域在物理上是不连续的,它也可以使应用程序看起来像一个连续的内存区域。在处理超出存储容量的数据时,除了追加物理存储器或使用硬盘之类的辅助存储设备,通过虚拟内存也能够实现继续处理而避免出现内存不足的情况。

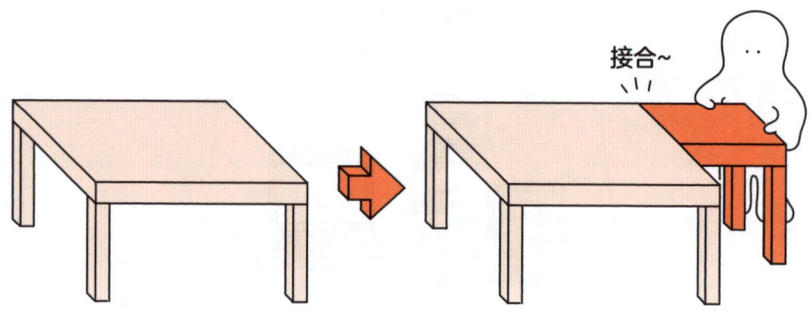

与术语相关的知识

注意运行速度会减慢

由于硬盘之类的辅助存储设备比存储器(内存条)之类的主存储设备慢,因此当处理超过主存储设备的容量时,处理速度会降低。

注意磁盘碎片化问题

当设置的容量不足时,虚拟内存会自动扩展,但是如果频繁扩展虚拟内存,则可能会产生磁盘碎片,并且处理速度可能会降低。

交换(分页)

当物理内存不足时,将内存内容保存到磁盘称为交换输出,反之称为输入,统称为交换或分页。

术语用法示例

 "即使内存很少,通过虚拟内存也能实现对大量数据的处理。"

相关术语

(虚拟化)……P27 (虚拟机)……P213

术语 202

编程语言

为计算机写指令

用于指示计算机处理程序的语言称为编程语言,并且已经以易于理解的方式创建了许多编程语言用于和计算机交流。由于计算机只能处理称为机器语言的 0 和 1 序列,因此必须将以编程语言编写的内容转换为机器语言。

与术语相关的知识

接近硬件的低级语言

机器语言和汇编程序等接近硬件的语言被称为低水准语言或低级语言,用于 CPU 级的操作等。

通俗易懂的高级语言

许多编程语言对人类来说都易懂的,不需要特意顾及机器语言的原理,因此被称为高水平语言或高级语言。

标记语言

标记语言是为了将文章和图像等构造成树形结构等进行记述的语言,常见标记语言的有 HTML、XML、SVG 和 TeX 等。

术语用法示例

💬 "有很多编程语言,我该选择哪种语言呢?"

相关术语

面向过程编程和面向对象编程……P218　　函数编程和逻辑编程……P219

源代码和编译

将指令转换成计算机可读的形式

按照编程语言的语法编写的文档称为源代码。将源代码批量转换成计算机能够理解的语言称为编译,为此而开发的软件称为编译器。当按顺序转换源代码时,它被称为解释器。

与术语相关的知识

运行速度的差异

编译器通过事先转换,在执行时可以高速处理,而解释器虽然牺牲了执行时的性能,但在修改源代码时更加方便。

共同运行的整合结构

从源代码生成可执行文件时不仅需要进行编译,而且需要进行依赖关系检查和链接等处理,统称为"构建"。

逆向工程

与从源代码生成可执行文件的编译相反,从可执行文件生成更接近源代码的文件被称为逆向工程。

术语用法示例

"即使你写好了源代码,也要编译才能运行啊。"

相关术语

编程语言……P215

算法和流程图

简化流程

为了让计算机进行处理而编写的用于解决问题的过程称为算法。即使得到的结果相同，如果过程不同，处理所花费的时间和所消耗的内存量也会不同。该算法通常由使用方框和箭头的流程图表示。

与术语相关的知识

算法差异改变速度

由于算法的不同，所需的执行时间也会有所不同，并且在一定的系统设备环境下容易发生故障。

算法的著作权

程序源代码存在版权，而算法不存在版权。但是，根据《反不正当竞争法》，它可能作为商业秘密受到保护。

JIS中定义的符号

在流程图中使用的符号根据JIS标准(JIS X0121)，确定了形状、处理、数据流动的方向。还有许多其他工具正在独自扩展中。

术语用法示例

"你写一个流程图就能直观地了解算法了。"

相关术语

队列和堆栈……P233

面向过程编程和面向对象编程

提高源代码的可维护性

将想要执行的一系列处理总结为"过程",面向该过程传递数据的同时进行处理的开发方法称为"面向过程型"。将数据和操作统一起来作为"对象",让这个对象协作处理的开发手法称为"面向对象型"。

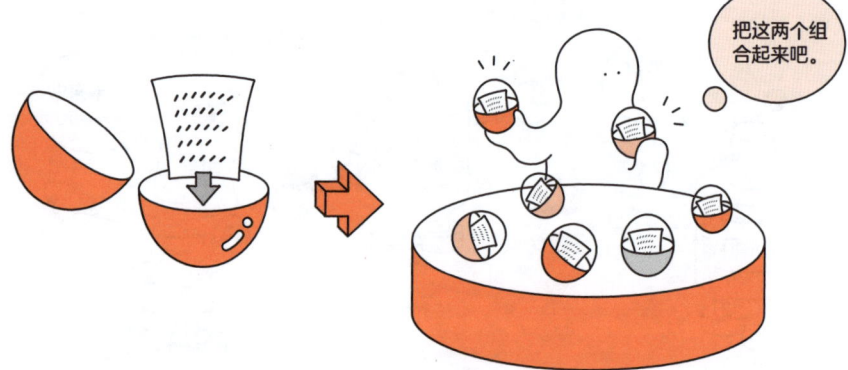

与术语相关的知识

结构化编程
结构化编程是一种将顺序、迭代和分支三者结合起来描述,并将其划分为功能单元的方法,这是面向过程型编程的基础。

抽象数据类型的实现
通过将数据和操作过程分组来定义数据类型的过程称为抽象数据类型,它是面向对象型编程的基础。

封装、继承和多态性
面向对象编程的三大要素是封装、继承、多态性,这实现了易读易写,有助于提高可维护性。

术语用法示例

"面向过程的编程比较容易,但也需要学习面向对象的编程。"

相关术语

(编程语言)……P215

函数编程和逻辑编程

描述目的而不是步骤

编程语言中有一种"函数型语言",它不像面向过程型编程那样描述处理步骤,而是像数学函数那样描述定义;另外,还存在一种"逻辑型语言"用于创建具有一组逻辑表达式的程序。如果说面向过程的语言描述的是"如何"处理,那么函数型语言和逻辑型语言描述的是"为何"处理。

与术语相关的知识

保持状态不变

在面向过程型语言中,处理通常是在更改变量等值时同时执行,但是在函数型语言中,变量值的状态不会改变,因为处理是通过应用函数执行的。

参照透明度的概念

当给出相同的输入时,一定会得到相同的输出,无论加载什么功能都不影响结果,这叫参考透明度。这也是纯函数型语言所具有的特征。

流行的多范式语言

近年来的编程语言大多是混合了面向过程型、面向对象型、函数型等多种范式的多范式语言。

术语用法示例

"函数型语言正在普及,但逻辑型语言却不太受关注。"

相关术语

编程语言 ……P215

错误和调试

纠正编程错误

导致程序不按预期运行的情况称为 Bug 或漏洞。除了编写源代码时出现的安装错误,还有一些设计错误,这些错误往往在设计的最初阶段就存在。此外,清除 Bug 并修复异常,以使其正常工作的过程称为调试。在法律文件中,也有将 Bug 写成"瑕疵"的情况。

与术语相关的知识

Bug 和瑕疵之间的区别

Bug 和瑕疵可以互换使用,但有时 Bug 是指程序的设计或实现方式上的错误,而瑕疵是指规范或设计的问题。

调试和测试之间的区别

测试是指检查(检测)程序是否按设计的方式运行,而调试是指查找或修复现有 Bug。

使用错误管理系统

软件中往往有一个错误跟踪系统,该系统可以记录在项目执行时发现的错误并管理更正状态,其中许多系统是通过 Web 浏览器操作的。

术语用法示例

 "要从这么多代码中找到 Bug 并进行调试,真不容易啊。"

相关术语

(脆弱性和安全漏洞) ······P184　　(单元测试和组合测试) ······P221

术语 208

单元测试和组合测试

检查程序运行情况

在源代码中,以小单元形式检查函数或方法等是否按预期执行的操作称为单元测试,主要目的是确认每个过程所实现的操作,并确认其是否已按照规范实施。另一方面,通过组合多个程序来确认画面和功能之间的协作称为组合测试,用于检查数据的传递情况等。

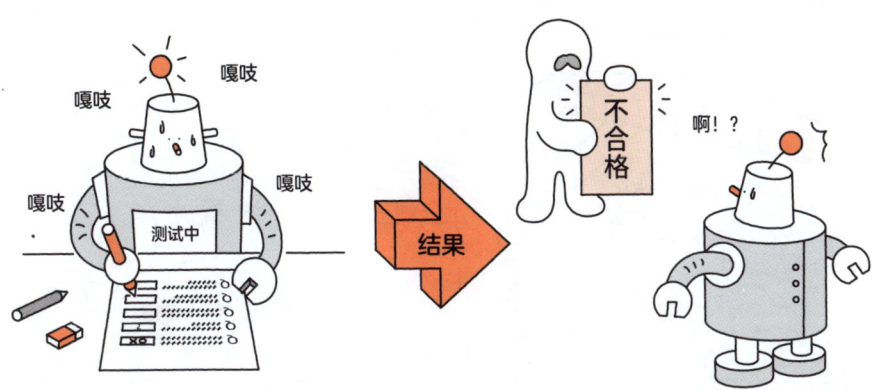

与术语相关的知识

创建一个测试用例

为了防止遗漏测试项,有一个测试用例描述了执行哪种测试并预先写好了测试的过程和方法。

自动化单元测试

为了确保在单元测试中顺利完成大量测试用例的运行,通常使用JUnit或PHPUnit等框架进行自动化测试。

与系统测试的区别

组合测试主要是在测试环境下确认功能是否有问题,而系统测试则是在生产环境下确认运行是否有问题。

术语用法示例

"如果单元测试执行得够彻底,是不是就不需要组合测试了?"

相关术语

(错误和调试)……P220 (黑盒测试和白盒测试)……P222

第6章 IT业界的基本术语

黑盒测试和白盒测试

从不同的角度进行测试

不看源代码，根据规格书和设计书等进行测试的方法称为黑盒测试，是从使用者的角度进行的测试；通过查看源代码覆盖条件分支等进行测试的方法称为白盒测试，是从开发者的角度进行的测试。

与术语相关的知识

常用的边界值分析

在黑盒测试中，使用作为边界的值进行测试的方法称为边界值分析，如"判断是否成年"，便使用19岁或20岁这种数据。

选择代表值的等价分类法

等价分类法将输入的数据分成组，从各组中选择代表值，以防止只使用偏置数据分类。

决策表的运用

当输入的组合复杂时，可以使用表格形式的决策表来总结给定组合的输出，也可以用于组织规范。

术语用法示例

"黑盒测试和白盒测试都很重要。"

相关术语

单元测试和组合测试……P221

测试覆盖率和猴子测试

确保完整性

覆盖率是测量在白盒测试中确认了多少条件分支的指标,使用命令网罗、分支网罗、条件网罗等方法。另一方面,在黑盒测试中,有一种像猴子一样随机操作并确认结果的方法,被称为猴子测试。

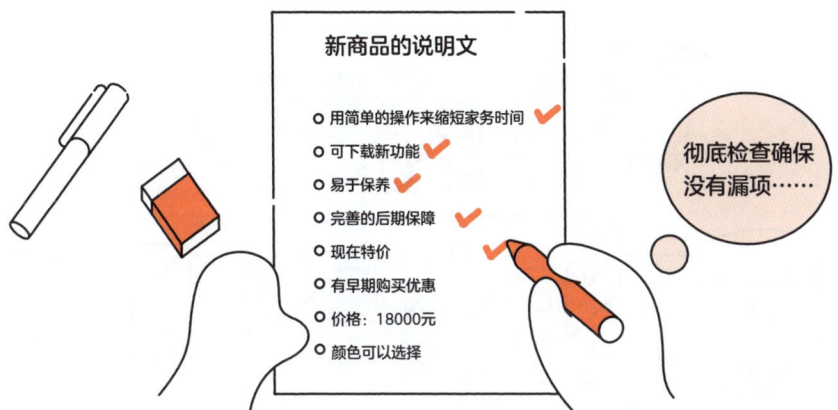

与术语相关的知识

检查所有命令的语句覆盖
检查是否已执行所有指令称为语句覆盖(C0),并建议设计这样的测试用例。

检查所有分支的分支覆盖
确认所有分支是否被判定了条件的真伪称为分支覆盖(C1),并建议设计这样的测试用例。

检查所有条件的条件覆盖
检查判断条件的组合是否被覆盖称为条件覆盖(C2),并建议设计这样的测试用例。

术语用法示例

💬 "猴子测试不错,但是覆盖范围也很重要,不是吗?"

相关术语

(错误和调试)……P220　(黑盒测试和白盒测试)……P222

框架

有助于提高开发效率

在许多软件中使用的将通用功能作为基础的概念称为框架。开发者通过在其基础上实现个别功能，从而提高开发效率。在 Windows 的应用中，.NET Framework 非常有名，有许多编程语言为开发 Web 应用程序提供了大量的框架。

与术语相关的知识

有助于统一源代码
通过使用框架，可以防止个人源代码的编写不一致，从而提高可维护性。

定制也有限度
虽然通过框架可以很容易地创建类似的系统，但如果你想得到高度定制的个性版本，它可以更改的范围还是有限的。

在设计上也是如此
不仅在系统开发领域有框架，而且在 Web 设计领域也有 CSS 等框架可供使用，帮助用户简单地实现漂亮的设计。

术语用法示例

"最近做 Web 应用也必须学习框架。"

相关术语

CSS（样式表）……P146　　MVC 和设计模式……P231

术语 212

配对编程

有助于提高工作效率和质量

两个或两个以上的程序员使用一台计算机共同编写程序的方法被称为配对编程（Pair Programming）。最近由多人组成的"暴徒式编程（Mob Programming）"也成为热门话题，据说其具有避免成员偷懒、加入多人的意见可以提高源代码的质量、对初学者有教育效果等优点。

咔哒咔哒咔哒（按键音）

第 6 章 IT业界的基本术语

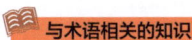
与术语相关的知识

角色的交替也很重要
在配对编程时，并不是各自始终担任相同的角色，而是通过定期改变角色，从而达到知识共享等教育目的。

初学者之间很难开展
如果是初学者和经验不足的人组成配对，可以相辅相成的部分就会变少，有可能会增加烦恼，所以需要注意。

工作效率下降的可能性
因为是两个人同时进行一项工作，所以有时比一个人工作的效率更低，因此必须确定团队是否合适，是否能提高工作质量。

术语用法示例
💬 "用配对编程交替完成工作的同时个人技能也提高了。"

相关术语
……P228

属性

更改和查看设置

属性是表示软件、文件、外围设备等状态和特性的功能，也用于更改和显示设置。可以根据用户的环境进行自定义更改设置的值。此外，即使对于不能改变的项目，也可以根据需要确认其设置内容。

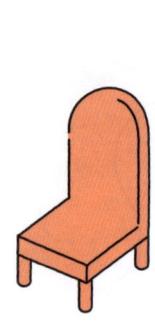

刷漆。

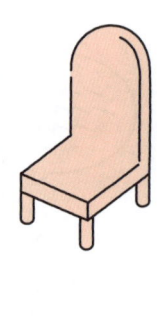

与术语相关的知识

文件属性

在 Windows 等 OS 中，有一个功能可以显示文件和文件夹的属性，并且可以检查创建日期和时间、修改日期和时间、读取属性等。

屏幕和打印机属性

屏幕和打印机等外围设备也具有 OS 和驱动程序属性，可微调方向、分辨率、颜色和大小设置。

编程中的属性

一些面向对象的编程语言也被用作访问对象数据的功能。

术语用法示例

💬 "稍微改变了一下属性，就变得非常好用了。"

相关术语

(默认) ……P101

垃圾回收

清理不再需要的文件以释放内存空间

在程序执行时，预留的内存区域中遗留了许多无用的内容，自动释放这些不再使用的内容所占内存区域的功能称为垃圾回收。通过使用垃圾回收，能够释放任何地方都没有引用的内存区域。垃圾回收过程不需要编写显式释放内存的过程，从而避免了与内存管理相关的 Bug。

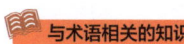
与术语相关的知识

注意CPU负载

垃圾回收在运行时，会消耗CPU，但是因为控制垃圾回收程序的运行时间比较困难，所以操作时需要注意。

内存泄漏的负面影响

如果程序员忘记释放内存，则可能会发生内存泄漏，如果可用内存区域不足以保护内存，可能导致程序异常终止。

常驻项目特别注意事项

程序结束后，即使发生内存泄漏，剩余内存也会被释放，但常驻程序和服务器软件会继续被占用，因此需要特别注意。

术语用法示例

"有了垃圾回收功能，程序员就轻松多了。"

相关术语

(错误和调试)……P220

术语 215

重构

优化源代码而不更改行为

重构是修改源代码而不更改程序行为以使其易于维护的过程。虽然程序的结果是相同的,但是可以对其进行多次修改以简化复杂的源代码。因为源代码的修正也有嵌入错误的可能性,所以需要在自动测试的环境整备等方面下功夫。

亮闪闪

与术语相关的知识

虽然增加了工时,但有益处

通过重构,虽然增加了工时,但是比起直接继续工作,开发效率和程序的质量会有所提高,所以这并不算浪费。

不进行故障修正

说到底是为了内部构造的改善而进行重构,所以即使注意到存在缺陷,原则上也不会在这个阶段进行修正。

第三次定律

在执行重构的时机选择方面,有"第三次定律",即如果发现同样的问题已经出现了三次,就应该执行重构。

术语用法示例

💬 "重构后源代码一下子变少了。"

相关术语

配对编程……P225

内核

OS的核心部分

操作系统的核心部分，为软件提供使用 CPU、内存、硬件等所需的基本功能的软件称为内核。在 UNIX 系统的 OS 中，用户无法直接访问内核，只能从围绕内核的"外壳（Shell）"中访问它，也可以使用系统调用从应用程序中访问它。

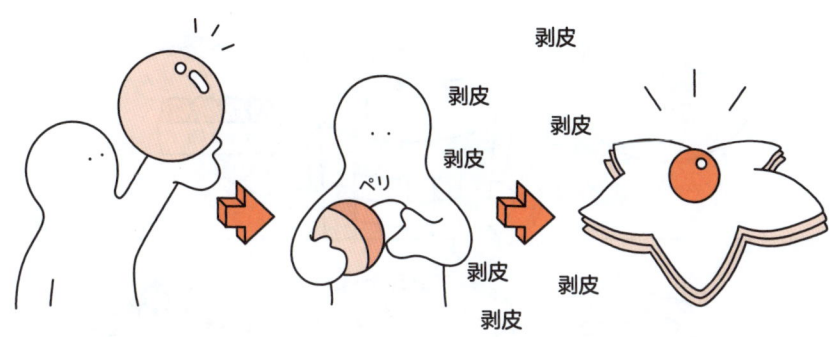

与术语相关的知识

系统调用角色
应用程序无法实现直接控制硬件，而是通过使用具有常用功能的系统调用实现，从而降低开发人员的负担，提高可移植性。

进程控制
在 OS 中执行程序的单元中存在"进程控制"程序，它对可访问内存的范围进行管理，以便可以同时执行多个程序。

内核模式
CPU 具有用户模式和内核模式，设备驱动程序等在内核模式下运行，常规应用程序在用户模式下运行。

术语用法示例

"内核源代码可以帮助你更好地了解计算机的工作方式。"

相关术语

系统软件和操作软件 ……P67　　莱纳斯·托瓦尔兹 ……P267

API和SDK

调用开发所需的库

如果在开发应用程序时使用现有库,则调用该库的接口称为 API。通过根据准备好的 API 描述处理,可以在不知道其内容的情况下使用库。而 SDK 工具包,所支持的不仅包括库和接口,而且包括示例代码和文档。

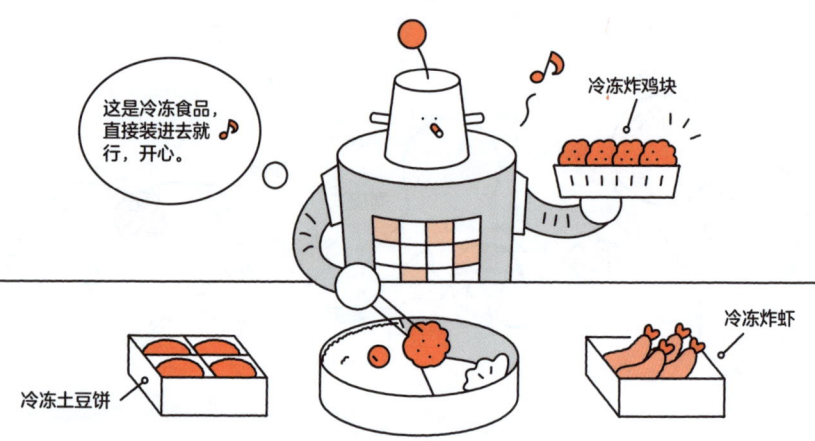

 与术语相关的知识

Web API的使用

在 Internet 上,Web API 作为向开发人员提供的API,用户可以通过在自己的网站上调用它来添加有用的功能。

智能手机应用程序SDK

适用于 iOS 的应用程序的 iOS SDK和适用于Android的应用程序的 Android SDK 已经普及,并用于应用程序开发。

Windows SDK

为了制作在 Windows 上运行的应用程序而公开的SDK中有 Windows SDK,根据OS的版本升级而提供。

术语用法示例

"不仅使用SDK开发,而且调用API都很方便。"

相关术语

系统软件和操作软件……P67 框架……P224

术语 218

MVC和设计模式

面向对象编程中经常使用的标准

在开发软件时，有时会活用由过去的开发者所开发的并认为很好的设计模式。在 Web 应用程序等用户进行操作处理的程序中，MVC 非常有名，很多应用程序都采用 MVC。

视图（外观）

控制器（说明）

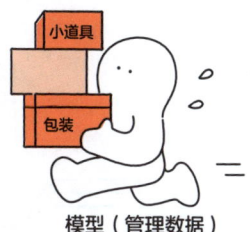
模型（管理数据）

与术语相关的知识

GoF 设计模式

对于面向对象编程中经常遇到的问题以及解决这些问题的好设计案例，被称为 GoF 的四人组总结提出的"23个设计模式"广为人知。

MVC 中的角色分担

在 MVC 中，通过向负责数据管理和业务逻辑的 Model、进行画面显示的 View、进行控制的 Controller 分担角色来实现程序运行。

MVVM 的出现

最近，不仅 MVC 被大量使用，而且作为其派生模式分为 Model、View、ViewModel 的被称为 MVVM 的想法也被大量使用。

术语用法示例

"不仅要学习MVC，还要学习GoF的设计模式。"

相关术语

……P224

术语 219

数据类型和NULL

指定可在程序中存储的数据

程序在处理数据时，会根据存储数据的内容来决定要预留的存储器的大小，称为数据类型。例如，对于字符会判定为 8 位,对于整数或小数也会有对应的大小判定。除了存储要使用的数据，还可以存储 NULL 值，这意味着没有数据。

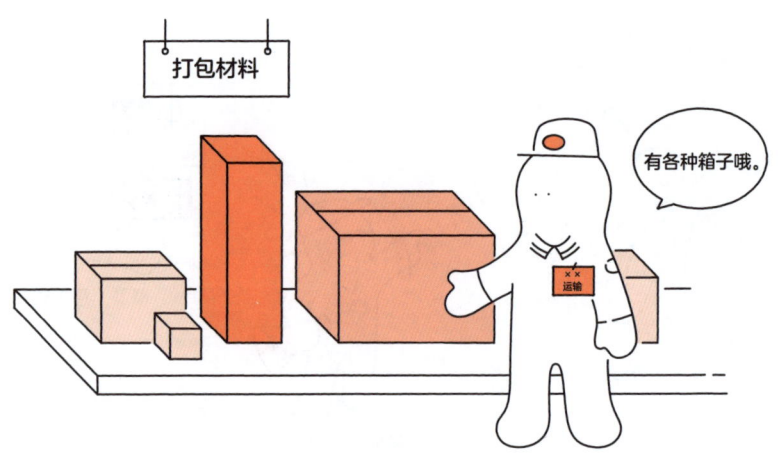

与术语相关的知识

整数数据类型的分类

在许多编程语言中，整数是固定长度的,并且分为8位、16位、32位、64位的大小。另外，还有有符号和无符号之分。

对于浮动小数点的处理

许多编程语言在处理小数时使用浮点数，使用 IEEE754形式,即用固定长度的尾数部分和指数部分来表示近似的值。

NULL 字符

在某些编程语言（如C语言）中,NULL 字符是表示字符串结尾的字符，并且具有特殊的含义。在C语言中，它由代码0定义。

术语用法示例

"我需要知道数据类型，看看里面有什么值。"

相关术语

编程语言 ……P215

队列和堆栈

将数据存储在一列中

在程序中，当使用数组类型的数据结构将数据存储在一列中时，队列和堆栈是添加和提取的方法。队列是先放入的数据先取出的方法，给人一种在收银台排队的感觉。堆栈是先取出最后放入的数据的方法，给人一种从上面处理堆积在桌子上的文件的感觉。

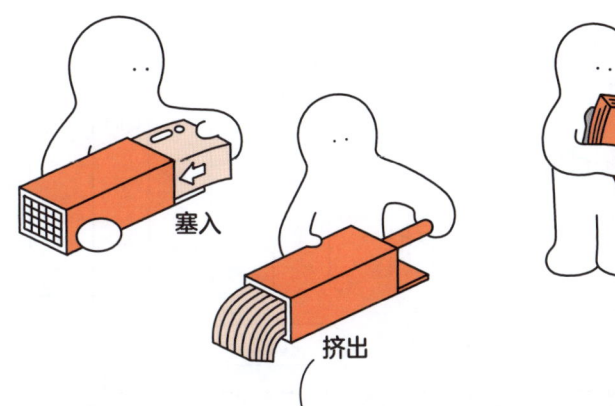

与术语相关的知识

入队和出队

将数据放入队列称为入队，将数据取出队列称为出队，"先进先出"称为FIFO。常用于广度优先搜索等。

推送和弹出

将数据放入堆栈称为推送，将数据取出称为弹出，"后进先出"称为LIFO和FILO。常用于深度优先搜索等。

注意堆栈容量限制

由于程序中函数调用的相关信息存储在堆栈中，因此当其数量超过极限时，就会发生"堆栈溢出"。

术语用法示例

"队列是推送的形象，堆栈是堆积的形象。"

相关术语

算法和流程图……P217

函数和参数、过程和例程

将工作集中处理

函数是指一段可以直接被另一段程序或代码引用的程序或代码。调用函数时传递的值称为参数。根据语言的不同，返回值的内容称为函数，不返回值的内容称为过程，而这样的一系列过程称为例程。

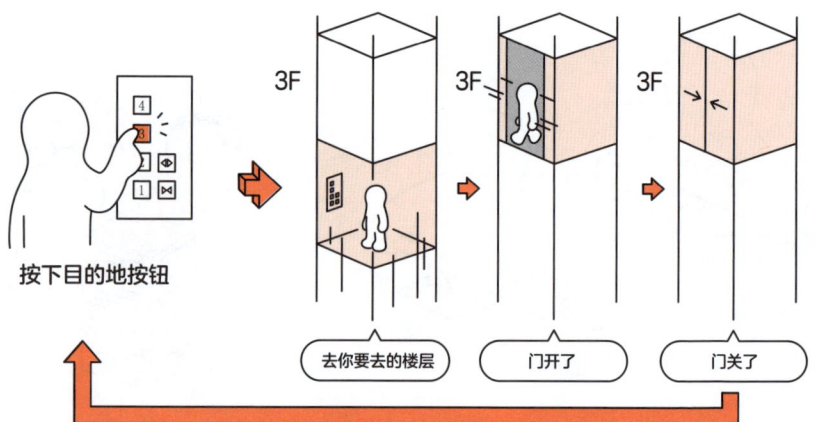

按下目的地按钮 → 去你要去的楼层 → 门开了 → 门关了

与术语相关的知识

总结类似的处理方式

由于多次写入相同或相似的处理会使程序变长，因此使用了将其合并为一个函数，在需要时一边改变参数一边执行的方法。

拆分长程序

由于在一个函数中写了大量的句子，很难理解该函数的内容，因此将处理分割成功能单元的函数，使读者便于理解操作。

DRY和OAOO原则

在多个地方使用相同的处理的情况下，复制和修改一个时，另一个也需要修改，所以这种不重复代码的原则被称为DRY原则或OAOO原则。

术语用法示例

"当传递给函数、过程或例程的参数改变时，结果也会改变。"

相关术语

递归调用……P235

术语 222

递归调用

调用自身的函数

在程序的过程中调用自身的函数称为递归调用。例如,用摄像机拍摄电视的同时,再将拍摄的内容放映到那个电视上,电视中就会出现无限多的电视。同理,执行程序的过程使用一个稍微改变的参数进行调用的程序通常比迭代过程更容易实现。

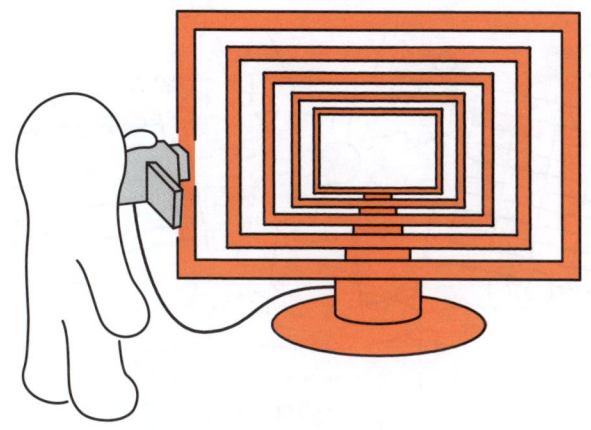

与术语相关的知识

多用于函数语言
在函数型语言中,基本上不使用改写变量值等改变状态的方法,大多使用递归调用代替循环。

需要终止条件
进行递归调用时,结束条件是必不可少的。除非根据参数的内容指定了结束条件,否则过程将无限重复。

尾递归和优化
递归调用将成为函数最后一步的递归函数称为尾递归,并且可以通过减少堆栈消耗来对其进行优化。

术语用法示例

💬 "递归调用缩短了源代码。"

相关术语

(函数和参数、过程和例程)……P234

术语 223

关系型数据库和SQL

关联和管理多个表

将表格形式的数据关联起来构成的数据库称为关系型数据库，用 SQL 语言进行操作。在关系型数据库中用户不仅可以处理数据，而且可以定义存储格式和设置访问权限。在存储数据之前确定数据模型，以防止不恰当的注册行为。

与术语相关的知识

定义表格等结构的DDL

在SQL中，定义表等结构的有DDL，包括CREATE TABLE和DROP TABLE等语句。

操作数据的DML

在 SQL 中，操作数据的有DML，有用于检索的SELECT、添加的INSERT、更新的UPDATE和删除的DELETE等。

用于设置访问权限等的DCL

在SQL中，对数据进行访问控制的有DCL，授予权限的GRANT和剥夺权限的REVOKE等。

术语用法示例

 "如果操作关系型数据库，会用SQL语句就可以了。"

相关术语

(电子表格和DBMS)……P74

表和索引

以表格形式管理数据

在关系型数据库中,像电子表格软件的工作表那样存储数据的表格形式的位置称为表。多个表存储在数据库中,并通过绑定来执行处理。此外,当从表中检索特定数据时,如果数据量增加,则处理需要时间,因此创建类似目录的文件称为"索引"。

与术语相关的知识

列和记录

表的纵向称为列,决定放入什么属性;而横向称为记录,指的是一个注册项目的数据。

对应于单元格的字段

记录的每一个元素都称为字段,相当于电子表格软件中的单元格。它也可以指在输入表单中输入数据的地方。

索引的缺点

虽然可以通过索引进行高速检索,但由于更新时索引也需要更新,因此对于频繁更新的表,处理速度可能会降低。

术语用法示例

"如果不给表编入索引,搜索会变慢。"

相关术语

关系型数据库和SQL……P236

规范化和主键

拆分表格以便于处理

在关系型数据库中,划分表以使数据不重叠,并设计以保持数据之间的一致性称为规范化。在规范化阶段,其中第 1~5 规范化和语音编码标准化是很有名的,但是通常使用第 1~3 规范化。设置主键,以便可以在划分的表中唯一地标识数据。

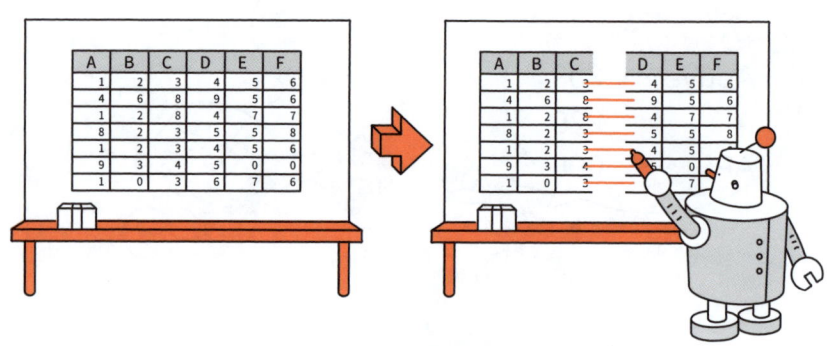

与术语相关的知识

规范化的效果

规范化可以最大限度地减少数据更新、减少磁盘消耗而不保留浪费的数据以及简化数据迁移。

规范化导致速度减慢

如果用户过于注重规范化,则数据将被分为多个表,并且将根据搜索的内容连接多个表,有时会降低处理速度。

唯一约束

注册、更新数据时,要求列或列组中包含的数据在表中唯一的约束称为唯一约束。

术语用法示例

"对此表进行规范化后,每个表都有一个主键。"

相关术语

表和索引……P237

术语 226

事务和检查点

防止数据丢失

如果只有一部分更新过程在数据库中执行时出现问题，集体执行的一系列处理称为事务。如果在处理过程中出现问题，则取消处理以确保一致性。确定的数据反映到磁盘上的时间称为检查点。

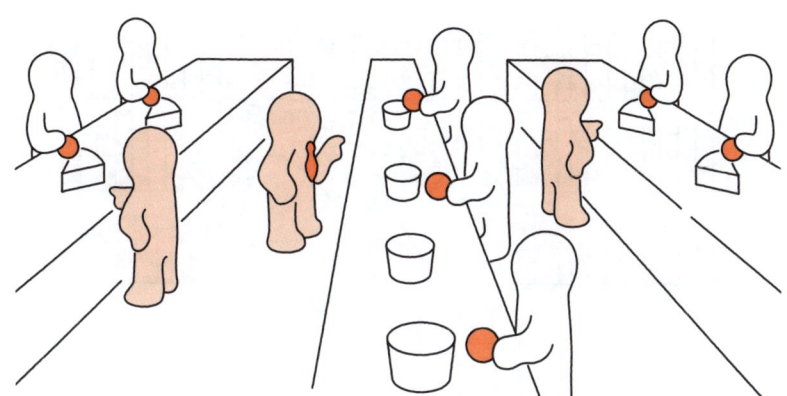

与术语相关的知识

不允许出现某些故障的 ACID 特性
保证原子性、一致性、隔离性和持久性四种性质的观点称为 ACID 特性。

回滚处理
在事务过程中向数据库确认（提交）数据之前，在数据库的数据更新过程中发生问题，将其恢复的操作称为回滚。

通过日志恢复的前滚（前滚日志）
前滚是在发生故障时根据日志反映在检查点之后提交的数据的过程。

术语用法示例
"检查点之前的事务已经恢复了。"

相关术语
关系型数据库和SQL ……P236

239

死锁和独占控制

避免同时更新

独占控制是使多个处理不能同时执行,而使其仅可用于某一个处理而不能执行另一个处理的状态。死锁是指两个或多个进程试图同时访问由排他控制锁定的数据,并且两者都等待另一个进程完成而该进程无法继续的情况。

与术语相关的知识

消极独占控制
当同时访问相同的数据时,如果一个打开,则在另一个试图打开时显示错误的方法称为消极独占控制。

积极独占控制
同时,别人想要更新,如果别人没有更新就更新,如果别人有更新,则会显示一条消息,并且将重做该过程。这种方法称为积极独占控制。

表锁和行锁
在数据库中进行更新时,有两个锁定单元,一个是用于锁定整个表的表锁,另一个是用于仅锁定要更新的行的行锁。

术语用法示例
"当任务中有多个用户时,你需要了解死锁和独占控制。"

相关术语
关系型数据库和SQL……P236

存储过程

集中执行一系列操作

一次对数据库执行多个处理的过程称为存储过程。存储过程是存储在数据库中的过程，因为处理是在数据库中完成的，所以可以不依赖于调用该过程的编程语言而执行。由于其以编译状态存储，因此可以高速执行。

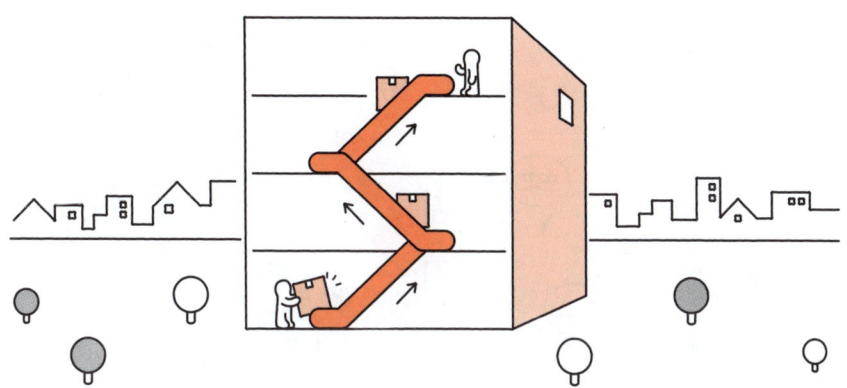

与术语相关的知识

提高了应用程序可维护性

通过使用存储过程，数据库的处理被集中地委托给DBMS，从而提高了应用程序端的可维护性。

兼容性低，需要注意

需要注意的是，SQL 在许多DBMS 中是标准化的，但存储过程往往使用DBMS 自己的语言，兼容性较差。

与视图功能一起使用

用户还可以定义一个视图，该视图连接表并仅显示所需的部分，主要用于引用。存储过程主要用于复杂的更新操作。

术语用法示例

"存储过程只需从程序中调用。"

相关术语

关系型数据库和SQL……P236

负载均衡

多台设备分担处理任务

负载均衡是在具有相同角色的多个设备（如多个服务器）之间分配处理的过程，以避免大负载仅应用于一个设备的情况。另外，用于进行负载均衡的设备称为负载均衡设备（负载均衡器）。通过使用负载均衡设备，即使用户正在访问其中一个服务器，也会自动地将服务器分配给多个服务器。

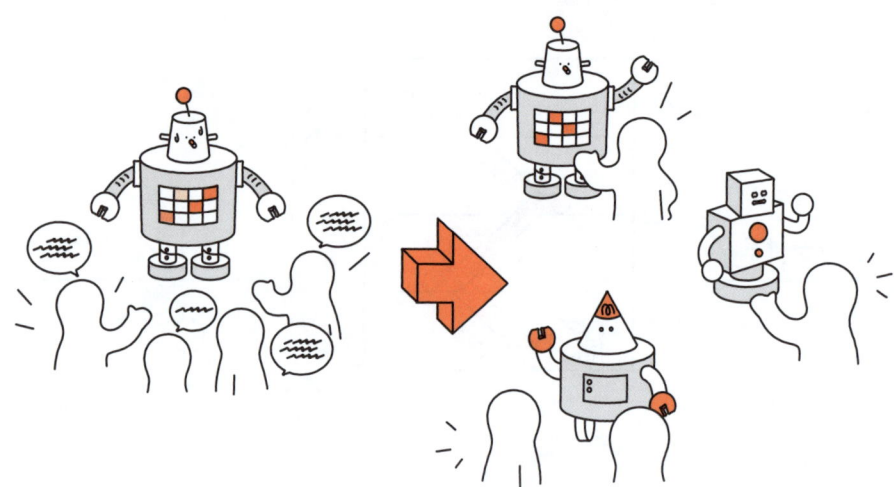

与术语相关的知识

CDN 的使用

在更新网站、发布图像和动画时，比起由自己的公司承担负荷，上传到被称为 CDN 的服务器上的方法更加普遍。

与垂直分配的区别

在负载均衡中，会分配具有相同角色的多台计算机，因此称为水平分配，但是为每个角色准备多台计算机称为垂直分配。

负载均衡和集中的历史渊源

考虑到发生灾害的风险和负荷，把负载分散在多个地方会更让人放心，但在管理方面，集中起来会更轻松。回顾历史，这两种理念似乎是交替进行的。

术语用法示例

"对于有大量访问的服务器，分散负载是必须的。"

相关术语

纵向扩展（Scale Up）和横向扩展（Scale Out）……P79　CDN……P164

热待机和冷待机

为故障发生时做的准备

热待机和冷待机两种状态都是指在故障等情况下备用设备的待机状态。热待机保持可以随时使用的状态，支持快速切换，但冷待机通常是不能立即使用的状态，切换需要时间。

与术语相关的知识

热待机的缺点

热待机模式下为了确保操作系统、应用程序和数据始终可用，数据必须实时同步，所以运营成本高昂。

冷待机的缺点

在冷待机模式下，发生故障后才会打开电源并迁移数据和设置，因此切换需要时间，并且在此期间无法使用系统。

温待机

热待机和冷待机中间有一个温待机模式，是平时长期启动着，经过一些配置操作就可以开始切换的模式。

术语用法示例

"如果我有足够的预算，我就选择热待机配置，不过目前还是选冷待机吧。"

相关术语

 ……P242

补充

了解一些有趣的名称

　　与IT相关的词语往往有一个有趣的名称。本书（术语131：导览路径和层次结构）中提到的"面包屑清单"是根据童话《韩塞尔和葛雷特》改编的；而"垃圾邮件"中的垃圾邮件由电视节目《飞行马戏团》衍生而来。

　　有时也会使用递归原理缩写成有趣的名字。例如，GNU是GNU's not UNIX的缩写，PHP是PHP: Hypertext Preprocessor（超文本预处理器）的缩写。其他已知的缩写如下：

缩略语	正式名称
Linux	Linux is not UNIX
LAME	LAME Ain't an MP3 Encoder
Wine	Wine Is Not an Emulator
Nagios	Nagios Ain't Gonna Insist On Sainthood
YAML	YAML Ain't Markup Language

　　一些软件版本号也是唯一的。例如，TeX接近$\pi = 3.14159$……，而克努斯先生（Knuth）制作的METAFONT（元字形）接近自然对数$e = 2.718$……的底。

　　另外，除了数字版本号，还可以使用代号。在Android系统，经常使用糖果名称作为版本代号，它以字母顺序命名，如纸杯蛋糕（Cupcake）、甜甜圈（Donut）、奶油松饼（Eclair）、冻酸奶（Froyo）等。

　　在macOS中，过去采用猎豹（Cheetah）、美洲狮（Puma）和美洲虎（Jaguar）等动物的名称，但最近使用了如"加利福尼亚"这种地名，如用约塞米蒂（Yosemite）、埃尔卡皮坦（El Capitan）、塞拉利昂（Sierra）、高塞拉（High Sierra）和莫哈韦（Mojave）作为版本代号。

第 7 章

必须了解的IT业界牛人

术语 231~256

艾伦·麦席森·图灵

图灵测试的创造者

1912年出生于英国,被称为"现代计算机科学之父",对现代计算机的诞生起到了重要作用。在第二次世界大战中,他曾参与破译德国英格玛(Enigma)密码,并被授予大英帝国勋章。图灵围绕"知性""智能""思考"的概念取得了巨大的成就,也被称为"人工智能之父"。

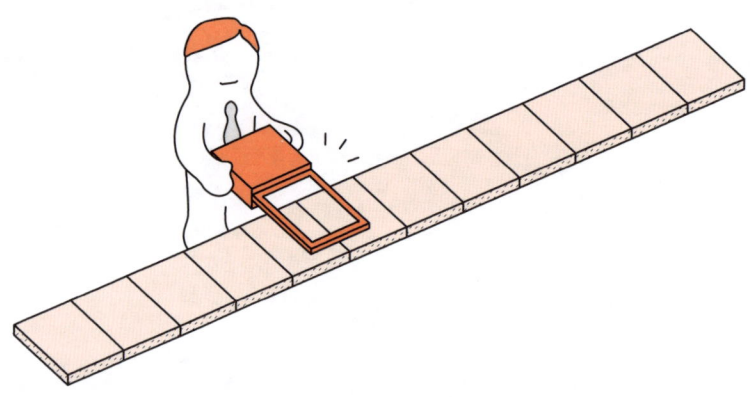

与人物相关的概念

图灵机

图灵想到的计算机概念,即用无限长的磁带左右移动来解决问题的机器,但不能解决预判处理停止问题。

图灵测试

图灵测试是判定一个事物是否为人工智能的方法。与隔离的判定者交互,当判定者无法区分机器和人时,则判定为人工智能。

图灵奖

图灵奖是ACM协会授予的奖项之一。它被称为计算机科学领域的诺贝尔奖,授予功勋卓著的人。

该人物亮点!

在政治和计算机科学两个领域都成就了伟业!

相关术语

AI(人工智能)……P2

术语 232

克劳德·艾尔伍德·香农

信息理论之父

1916 年出生于美国。对信息和通信进行数学思考的信息理论的创造者。不仅证明了电路的串联和并联与逻辑运算的 AND 和 OR 可以对应计算,而且提出了表示信息量的熵概念,并对数据压缩、编码和密码等当今 ICT(信息通信技术)社会所必需的技术进行了数学研究。

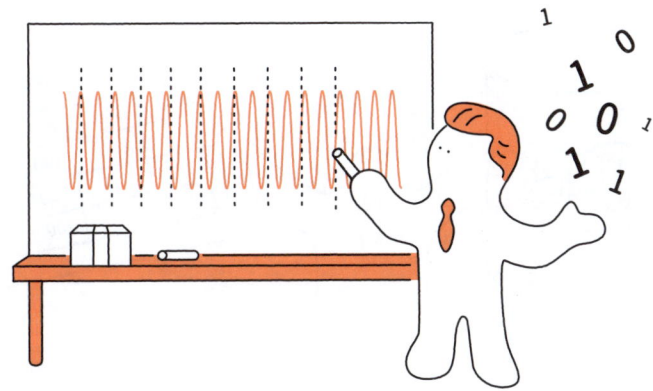

第 7 章 必须了解的 IT 业界牛人

与人物相关的概念

抽样定理的证明
关于将模拟数据转换为数字数据时的采样间隔问题,在定量定理中有一个抽样定理,该定理已由香农先生证明。

信源编码定理
信源编码定理是定义信息的值(信息量)并给出数据压缩限制的定理,被称为香农第一基本定理。

信道编码定理
信道编码定理(通信路径编码定理)是关于即使在通信路径中含有噪声也能进行纠错的最大效率的定理,被称为香农的第二基本定理。

该人物亮点!
 在20世纪奠定了现代通信的基础!

相关术语

 加密与解密 ……P189

247

埃德加·弗兰克·科德

发明了关系模型

1923 年出生于英国。在 IBM 公司工作期间发明了处理数据时的关系模型、关系代数和关系数据库,被称为 RDBMS 之父。现在以科德博士的理论为基础,开发了许多数据库中使用的 SQL。每年向为数据管理作出贡献的人颁发科德创新奖。

与人物相关的概念

关系模型和关系代数

以二维表格格式表示数据的方法称为关系模型。表中处理的和、差、积等集合运算以及结合、投影、选择等关系运算的定义称为关系代数。

科德十二定律

"科德十二定律"记录了关系数据库管理系统应该具有的特征。在1990年该规则的数量扩大到了18条。

对标准化的贡献

关于数据库标准化,不仅定义了第一至第三范式的标准化方法,而且存在一种语音编码标准化系统,被定义为第三范式的增强版本。

该人物亮点!

💬 掀起数据库革命!

相关术语

(电子表格和DBMS) ······P74   (关系型数据库和SQL) ······P236

术语 234

约翰·冯·诺伊曼

提出了诺伊曼式计算机的概念

1903年出生于匈牙利。在世界首台计算机ENIAC诞生之后，便从设计阶段开始参加EDVAC项目，并发表了程序内置方式的计算机概念。他在博弈论中的Minimax法和模拟实验中的蒙特卡罗法等理科领域以及历史和哲学等广泛领域留下了许多功绩。

第7章 必须了解的IT业界牛人

与人物相关的概念

诺伊曼计算机
现代一般的计算机也被称为内置程序型计算机,根据其倡导者诺伊曼的名字,被称为诺伊曼型计算机。

元胞自动机
元胞自动机是其中具有状态的元胞根据相邻元胞的状态作为使其状态迁移的模型,用于对各种自然现象进行建模。

合并排序
这是一种通过"分而治之"的方式稳定快速地重新排列数据的算法,据说是由诺伊曼发明的。

该人物亮点！
- 他提出的计算机概念一直沿用到今天！

相关术语
五大设备 ……P206

约翰·巴科斯

巴科斯范式的创造者

1924年出生于美国。他发明了世界上第一种高水平语言——编程语言FORTRAN，使很多人不用学习机器语言就能编程。他也是用于描述语言规范的巴科斯范式的发明者。他不仅因其功绩而获得图灵奖，而且有小行星也以他命名。

与人物相关的概念

世界上第一种被广泛使用的高级语言FORTRAN

这是一种适用于数值计算和科学计算的程序设计语言，并且现在的超级计算机的模拟中仍在使用。

巴科斯范式

一种用于定义编程语言等语法的符号，是为了表达ALGOL语言的语法而创建的。其扩展版本目前仍在使用中。

函数级程序设计

巴科斯提倡函数级编程，并开发了新的编程语言FP和后继的FL，但很少被使用。

该人物亮点！
- 为编程语言的设计和开发奠定了基础！

相关术语

编程语言 ……P215

约翰·麦卡锡

框架问题的提出者和LISP的开发者

1927年出生于美国。他于1956年在达特茅斯会议上使用"人工智能"一词来阐述框架问题,这是AI中的难题,与马文·明斯基一起被称为"人工智能之父"。他还设计了编程语言LISP,发明了垃圾回收程序。

与人物相关的概念

框架问题

AI中的难题之一,是指"为了考虑到所有的可能性",而导致搜索量太大,无法在短时间内找到问题的答案。

编程语言LISP

LISP是通过列表的处理来实现功能的语言,可以说是函数型编程语言的鼻祖。它擅长符号处理,在人工智能的开发中被大量采用。

分时系统

通过按时间共享一个主机的CPU,从而允许以用户为单位同时有效地使用计算机。

该人物亮点!

- 20世纪计算机科学领域最伟大发明家,AI第一人!

相关术语

(AI(人工智能))……P2　(编程语言)……P215　(函数编程和逻辑编程)……P219

第7章 必须了解的IT业界牛人

马文·明斯基

人工智能之父

1927年出生于美国。他是1956年达特茅斯会议的发起人之一,从事神经网络方面的研究,与约翰·麦卡锡并称为"人工智能之父"。他也是"无用机器(Useless Machine)"等具有哲学意义的独特理念的提出人,一生都在对知识进行探索。

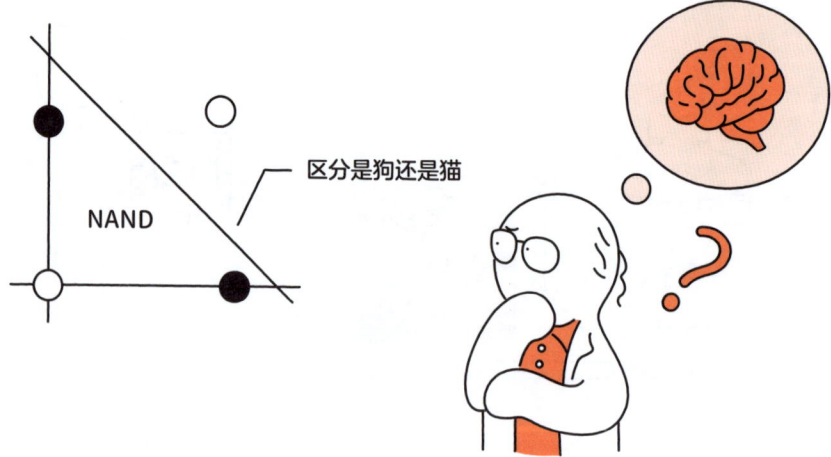

与人物相关的概念

框架理论

如果想把知识图式化,就必须记述所有的现象,而框架理论提出了通过一种框架来把知识图式化,并且在对应的前提下利用图式化的知识。

作品《心智社会》

这本书记录了明斯基对心理活动的深度考察。他思考人工智能和"心智"是什么关系,对"脑""语言""学习""理解""常识"等根源性的问题进行了深刻的思考。

指出感知器的局限性

研究结果表明,在感知器(神经网络的一种分类)中无法进行线性分离,如无法学习异或的逻辑运算。

该人物亮点!

> 他的著作和项目让AI走向了世界,培养了后继者!

相关术语

AI(人工智能)……P2

戈登·摩尔

摩尔定律的提出者

1929年出生于美国。英特尔的创始人之一,以"摩尔定律"而闻名,并每年向为科学创新作出贡献的人颁发"戈登·E.摩尔勋章"(Gordon E. Moore Medal)。如今,90多岁的他仍然担任英特尔公司的名誉董事长。2002年,他获得了美国颁发给文职人员的最高级别勋章"总统自由勋章"。

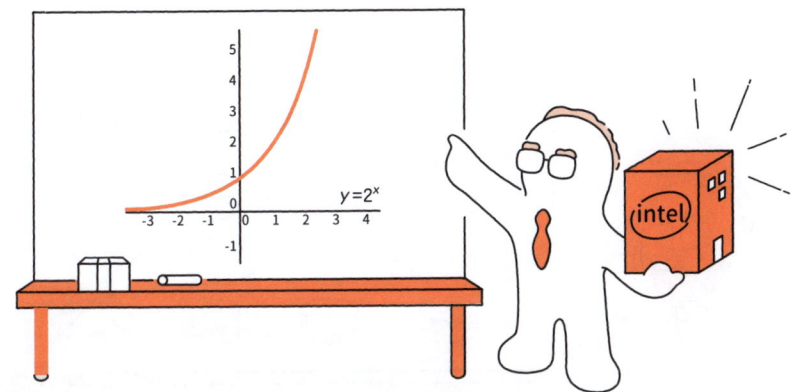

与人物相关的概念

最初的摩尔定律

1965年摩尔预测的内容是,考虑到每个元件的成本,安装在集成电路上的元件数量每年将翻一倍。

变更后的摩尔定律

在1975年,他就宣布计算机发展速度(元件的密度增速)有所下降,当时版本的摩尔定律的内容是"每两年翻一倍",实际上后来一直保持着这样的速度。

戈登和贝蒂·摩尔基金会

戈登和贝蒂·摩尔基金会(Gordon and Betty Moore Foundation)是摩尔夫妇于2000年成立的基金会,致力于突破性的科学发现、环境保护和改善患者护理等领域。

该人物亮点!
造就了半导体行业的高潮!

相关术语

CPU 和 GPU ……P54　　IC(集成电路)……P207

艾兹赫尔·韦伯·戴克斯特拉

结构化编程的提出者

1930 年出生于荷兰。他提出结构化编程,不仅发表了《GoTo 语句被视为有害》的文章,而且在影响了很多编程语言的语言 ALGOL 中也发挥了核心作用。对分布式计算也有一定的贡献,从 2000 年开始,每年对有关分布式计算的论文的优秀作品颁发戴克斯特拉奖。

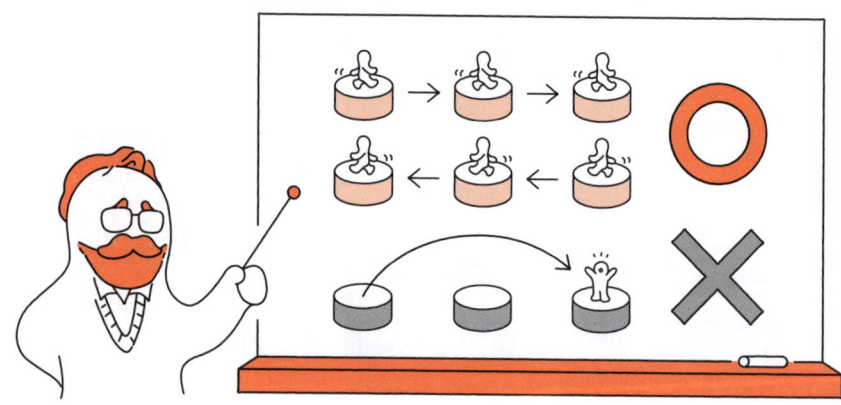

与人物相关的概念

结构化程序设计的提倡

结构化程序设计的目标是通过综合多个处理,组合抽象化的句子进行阶层化,并把数据也进行抽象化等措施,提高程序的可读性。

戴克斯特拉算法

戴克斯特拉算法(Dijkstra's Algorithm)提出了一种解决图理论中最短路径问题的算法,它被用于网络中的路由选择和汽车导航中的路线引导等。

信号量概念

戴克斯特拉设计了一个信号量概念,当多个处理同时访问某一区域时,信号量是 OS 等管理和控制其竞争状态的简单方法。

该人物亮点!

💬 创建了一种消除编程浪费的机制!

相关术语

(编程语言) ……P215　(算法和流程图) ……P217

唐纳德·克努特

文学化编程的提出者

1938 年出生于美国。他执笔的有关算法的书籍的首字母缩略语为 TAOCP，据说有七卷之多。自从写作开始至今已经过去了 50 多年，现在已经出版了第四卷。他因致力于开发 TAOCP 的 TeX 而闻名，并且长期向发现出版物错误的人颁发奖金。

与人物相关的概念

《计算机编程艺术》
也被称为算法圣经，是一本解释算法背景和历史的书籍。

TeX 开发
开源的排版处理系统，可以使用标记方法来编写数学公式等。每次升级时，版本号都接近圆周率。

文学化编程
它是由克努特提出的，目的是确保与文档的一致性，是一种将文档和源代码一体化的编程风格。

该人物亮点！
- 开创算法分析领域的先河！

相关术语
算法和流程图……P217

斯蒂芬·库克

验证NP完全性问题的存在

1939年出生于美国。通过证明逻辑表达式的可满足性问题（SAT）是NP完全的，证明了NP完全问题的存在。这一证明被称为"Cook-Levin定理"。在"P ≠ NP 猜想"中，很多数学家发表了解决的论文，但其验证结果至今仍未得到证实。

与人物相关的概念

NP完全问题
在考虑让计算机解决问题所花费的时间时，有将问题分为P和NP类的方法，NP中最难的问题称为NP完全问题。

P ≠ NP 猜想
斯蒂芬·库克提出的P类和NP类的两个集合不同的预测，成为未解决的千年悬赏问题之一。

SC分类
SC是以Stephen A. Cook命名的类，它表示属于P类和PolyL类的问题，可以通过"确定型图灵机"来解决。

该人物亮点！
如果你解决了他提出的问题，将大大改变计算机的发展史！

相关术语
算法和流程图……P217

艾伦·凯

个人计算机之父

1940 年出生于美国。他提出了"个人计算机"的概念,基于个人计算机不是共同使用而是个人使用的理念,开发了 ALTO 作为原型,因此被称为"个人计算机之父"。另外,他还提出了"面向对象"(一种编程理念)这一词语和概念,并开发了 Smalltalk。他说的"预测未来的最佳方法就是发明它"这句话也很有名。

与人物相关的概念

电子书概念

这是艾伦·凯提出了通过搭载 GUI 的 OS 实现可以携带的理想的"个人计算机"的构想,它价格合理,并且孩子也能使用。

Smalltalk 和 Squeak

作为面向对象编程的范本,Smalltalk 对后续语言产生了巨大影响,Squeak 是其环境之一。

计算机素养

计算机素养(Computer Literacy)是指像读写算盘一样,将能够操作计算机作为一种在日常生活中的基本能力的概念,是艾伦·凯创造的词。

该人物亮点!

> 最先提出"个人计算机"理念,是 GUI 的推动者!

相关术语

五大设备 ……P206   面向过程编程和面向对象编程 ……P218

术语 243

拉里·埃里森

甲骨文（Oracle）的联合创始人

1944年出生于美国。1977年与别人共同创立甲骨文的前身公司，主要开发DBMS。此后，以收购了包括太阳微系统公司在内的多家企业而闻名。他还出任特斯拉公司董事，并因投资10亿美元而名噪一时。

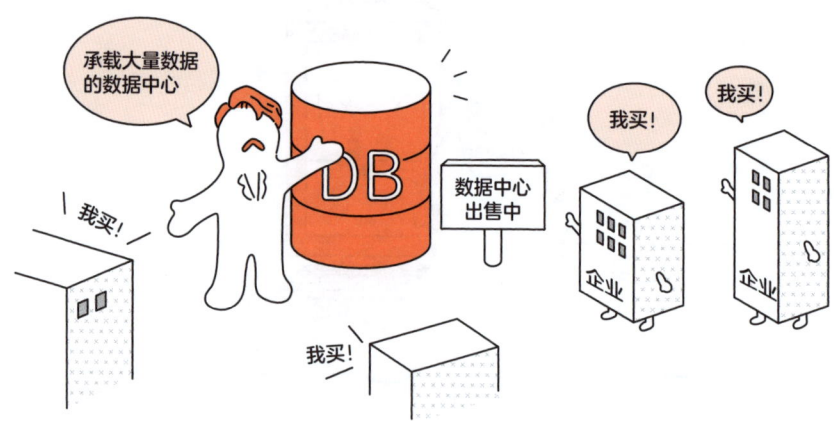

与人物相关的概念

RDBMS 的 Oracle

Oracle 是一种商业 RDBMS，适用于从大型计算机到 PC 的广泛环境。其丰富的功能和快速的处理速度在大型企业产品中占有很高的份额。

与 OSS 产品不同的服务

RDBMS 通常使用 MySQL 和 PostgreSQL 等开源软件，但是 Oracle 可以得到更多的商业支持。

夏威夷拉奈岛的主人

2012年，埃里森购买了夏威夷第六大岛拉奈岛98%的土地，并进行开发，以建立他所主张的可持续发展计划的模型。

> 该人物亮点！
> 💬 赶在其他公司之前，率先将RDBMS转变为商务！

相关术语

关系型数据库和SQL ……P236

术语 244

理查德·斯托尔曼

自由软件精神领袖

1953 年出生于美国。他创设 GNU 项目，从法律上保证使用者自由使用软件的权利。另外，他还建立了自由软件基金会（FSF）来推广 Copyleft 的概念，用法律合法地保护了开发人员修改和重新分发软件的权利，并创建了 GPL 作为其许可系统。

与人物相关的概念

自由软件运动

公开源代码，推进软件免费自由发布的活动被称为自由软件运动，以推动"著佐权"和许可证的进步和普及为目的。

开发 GNU Emacs

Emacs 是一个长期使用的文本编辑器，具有很高的可扩展性，可以自由定制，斯托尔曼开发了它的 GNU 版本。

开发 GCC

斯托尔曼开发了 GCC，这是一种支持许多编程语言（如 C、C ++ 和 Java）的编译器，并将其作为标准安装在基于 UNIX 的操作系统（如 Linux）上。

> 该人物亮点！
> 加速IT进步的功臣！

相关术语

开源代码······P157

保罗·艾伦

微软联合创始人，在硬件方面有很深的造诣

1953 年出生于美国。他和比尔·盖茨一起创办了微软公司，因此成为亿万富翁。他不仅运营着基金会，也是知名的慈善人士，投资各种事业，2015 年因在深海中发现旧日本海军的"武藏"号战舰而引起关注。此外，他也热衷于航天事业并进行了投资，于 2018 年去世。

与人物相关的概念

销售 BASIC 解释器

艾伦与比尔·盖茨一起销售微软公司开发的 BASIC 解释器。它专门为被称为"世界上第一台计算机"的 Altair 8800 打造。

美术馆的设立

艾伦曾在西雅图建立了 MoPOP 等美术馆，并投资了一个非营利组织来支持艺术家展示具有历史价值的藏品。

空中发射系统的开发

艾伦参与了一个火箭发射飞机的项目，该飞机将与火箭一起绑定并在空中发射。

> 该人物亮点！
> 主导操作系统开发，让"个人计算机"走向世界！

相关术语

系统软件和操作软件……P67

蒂姆·伯纳斯·李

WWW之父

1955年出生于英国。他进行了万维网技术的设计和实现,所以也被称为"万维网之父"。他设立万维网联盟(W3C),致力于WWW的标准化和下一代Web技术——语义Web。于2009年成立了万维网基金会,2018年完成并发表了《互联网契约》(Contract for the Web)。

与人物相关的概念

WWW的理念

他设计了HTML、HTTP、URL等Web技术的基础部分,开发了世界上第一个Web浏览器World Wide Web。

语义Web标准化

一种自动收集和分析信息的技术,不像现在的网站那样用HTML来描述文档,而是用XML来描述文档的含义。

Solid的理念

他设计并主导开发了一个类似SNS的开源平台Solid,通过平台可以管理自己的数据,并赋予其他人和服务以读取和写入的权利。

该人物亮点!
- 让互联网社会得以实现,改变了个人与企业之间的联系!

相关术语

HTTP和HTTPS ······P112　　HTML ······P145

埃里克·施密特

谷歌（现Alphabet）前首席执行官

1955年生于美国。他是词法分析程序Lex的开发者，曾担任Sun Microsystems和Novell的首席执行官兼CTO，然后加入了由Larry Page（拉里·佩奇）和Sergey Brin（谢尔盖·布林）创立的Google，并于2001年担任首席执行官。2015年，他成为Alphabet公司董事长，Alphabet公司成立时是谷歌的控股公司。

与人物相关的概念

Lex的联合开发者
创建编译器时，根据源码分析各语言的语法时所使用的词法分析程序lex也是POSIX标准。

领导Java开发
太阳微系统公司Sun Microsystems主导开发的编程语言Java，具有编译后运行时不依赖于平台的特点。

The 11th Hour Project
这是一个致力于解决食品、水、能源、农业、人权等影响人类健康问题的援助团体，由施密特夫妇出资。

> 该人物亮点！
> 以速度和创新理念引领Google走向成功！

相关术语

(搜索引擎和嗅探器)……P76

比尔·盖茨

微软联合创始人，也是著名的程序员

1955 年出生于美国。他与保罗·艾伦一起创办了微软公司，并开发了 BASIC 和 MS-DOS。此后，微软公司在 Windows、Office 等众多产品中占据了压倒性的市场份额，被称为 "20 世纪最成功的企业"。他现在已经脱离了微软公司的第一线。

与人物相关的概念

开发 BASIC 解释器

比尔·盖茨为 Altair 8800 开发 BASIC 解释器时，其实手头并没有 Altair 8800，而且在完成之前就开始了推销，这个故事很有名。

开发 MS-DOS

在 IBM 开发个人电脑原型的时候，微软公司购买了原本计划采用的 QDOS 的许可证，并且把它的改进版 MS-DOS 引入 IBM PC。

比尔和梅琳达·盖茨基金会

它是由比尔·盖茨和他的前妻梅琳达夫人创立的，是世界上最大的私人慈善基金会，为世界各地的贫困、医疗保健和教育等方面提供援助。

该人物亮点！
- 微软在操作系统开发和管理方面取得了巨大的进步！

相关术语
- 系统软件和操作软件……P67
- 编程语言……P215

史蒂夫·乔布斯

苹果公司联合创始人

1955年出生于美国。与斯蒂夫·沃兹尼亚克等人一起创立了现在Apple公司的前身Apple Computer。他开发了先进时代的计算机，包括推出了具有复杂GUI的Macintosh。他对设计细节都很讲究，有很多粉丝，但于2011年去世。

与人物相关的概念

苹果公司的创立和重建

乔布斯在1976年创立苹果公司，但在1985年，乔布斯被公司赶走。1996年回归公司后，他陆续推出了iMac、iPod、iPhone等热门产品。

高领毛衣加牛仔裤

乔布斯在新商品发布时，给人的印象是总是穿着同样的服装（高领毛衣加牛仔裤），平时他也喜欢这套服装。

"Stay hungry, Stay foolish"
"不知足，不卖弄。"

乔布斯在母校斯坦福大学的毕业典礼上发表的演讲的结尾词"Stay hungry, Stay foolish"经常被人引用。

该人物亮点！
- 彻底贯彻了用户优先的理念，改变了人们的生活方式！

相关术语

系统软件和操作软件……P67　简约设计……P148

蒂姆·库克

苹果公司首席执行官

1960 年出生于美国。曾就职于 IBM 公司和康柏公司，1998 年加入 Apple 公司。他与史蒂夫·乔布斯一起为苹果公司的重建作出了贡献，2005 年成为 COO，之后成为 CEO。他更多关注的是管理方面，如零件采购和供应链，而不是技术方面。

与人物相关的概念

史蒂夫·乔布斯的代理

库克在成为苹果公司 CEO 之前，曾在乔布斯因接受手术而暂时离开 CEO 位置期间，担任其代理。

National Football 基金会

一个旨在促进和发展美式足球的非营利组织，它支持和管理业余球队，由库克则担任董事。

耐克公司董事

他也是经营运动相关产品的 Nike 公司的董事，并相信 Apple Watch 在此领域会有很多合作，如开发相应的应用程序和智能运动腕带。

该人物亮点！
- 支撑着苹果公司高速发展的无名英雄！

相关术语

 项目管理……P91

迈克尔·戴尔

戴尔公司创始人

1965年出生于美国。19岁创办计算机公司，成就了现在的DELL公司，一度成为全球电脑销售额第一。2004年辞去CEO职务，后又于2007年回归。2013年与基金公司（银湖资本）一起收购了DELL并将其股票私有化。

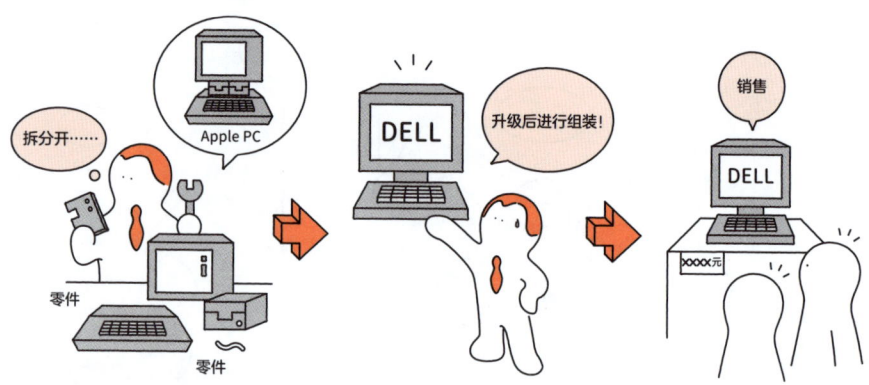

与人物相关的概念

采用订单生产和直销制度

在此之前，计算机一直大量生产并在大型零售商处自然销售，而戴尔计算机通过订单生产的直销方式进行销售，甚至每个旧机型的更新都会引起公众的注意。

强大的支持服务系统

戴尔公司为购买PC的用户提供了24小时的服务，并率先导入了免费电话，成功地提高了客户满意度。

迈克尔和苏珊·德尔基金会

这是他和妻子一起设立的基金，为了帮助生活在贫困地区的孩子们，他向学校、灾区等进行了大量捐款。

该人物亮点！
- 年纪轻轻就在IT领域发挥着丰富的商业才能！

相关术语

五大设备 ……P206

莱纳斯·托瓦尔兹

Linux的开发者

1969年出生于芬兰。他开发了Linux、Git等正在被广泛使用的软件，拥有众多粉丝。人们经常拿他和比尔·盖茨作对比，就像在《只是为了好玩》一书中说的一样——"因为兴趣让我做出了我需要的东西"。

与人物相关的概念

开发Linux系统

1991年发布的Linux是托瓦尔兹先生主导开发的操作系统，多用于服务器等用途，托瓦尔兹先生至今也是该系统内核改动的最终决定者。

开发Git系统

在Linux开发中使用的BitKeeper的免费服务停止提供后，托瓦尔兹先生开发了Git作为版本管理系统。

吉祥物Tux

Linux的官方吉祥物Tux是以企鹅为原型设计的，这个设计之所以被选中，是因为莱纳斯·托瓦尔兹先生喜欢企鹅。

该人物亮点！
- 当今新技术开发中不可或缺的操作系统之父！

相关术语

系统软件和操作软件……P67　内核……P229

埃隆·马斯克

特斯拉公司CEO

1971年出生于南非。据说他自己学习编程,并在12岁时就出售了自己的软件,如Invaders(一款太空战舰游戏)。他建立了包括PayPal在内的多家公司,并投资了电动汽车公司Tesla(特斯拉),广泛活跃于自动驾驶、太阳能发电和太空业务。由于所涉公司的迅速发展和个性的言论,常常成为人们的焦点。

与人物相关的概念

特斯拉公司CEO
特斯拉是一家开发电动汽车的企业,积极致力于自动驾驶等技术,并于2010年开始登陆日本市场。

PayPal公司的创始人
时下全球知名的在线支付服务公司PayPal(贝宝),就是通过将其前身公司与埃隆·马斯克创立的X.com合并而来的。

SpaceX的挑战
马斯克创立了开发火箭的SpaceX公司,成功让飞船对接国际空间站并返回地球。披露了民间主导的火星探测和火星移居的构想。

> 该人物亮点!
> 一个不断追求新技术的实业家,一个有远见的投资人!

相关术语

AI(人工智能)……P2　　EC……P126

术语 254

拉里·佩奇
谢尔盖·布林

Google（现为Alphabet）的联合创始人

1973年出生于美国（拉里·佩奇），1973年出生于苏联（谢尔盖·布林）。两人在斯坦福大学读书时相遇，共同撰写了关于搜索引擎的论文。之后，他们共同创立了谷歌公司，并与埃里克·施密特等人共同经营至今。

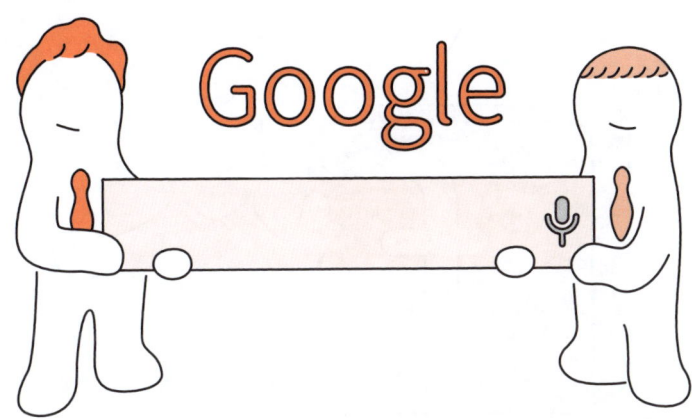

与人物相关的概念

Google名称的由来
据说Google名称来源于代表10的100次方的单位Googol，它的任务是将世界上的信息系统化，以便任何人都可以访问和使用它。

网页排名（PageRank）的概念
基于"具有更多链接的网页更重要"的思想，Google开发了一种独特的排名评估方法。

Google X项目
X项目是由谢尔盖·布林等人发起的、进行下一代技术开发的Google项目之一，到目前为止已经公开了眼镜型终端（Google眼镜）和汽车自动驾驶技术等。

该人物亮点！
 所有的服务开发成果都共享于世界！

相关术语

（搜索引擎和嗅探器）……P76

第7章 必须了解的IT业界牛人

马克·扎克伯格

Facebook联合创始人

1984年出生于美国。在哈佛大学读书时便开始开发很多可以说是SNS前身的服务，尤其是他开发的美女颜值评判网站（公开女学生照片并让学生投票）成为当时炙手可热的话题。2004年与别人共同创立了Facebook公司（编辑注，2021年10月28日，马克·扎克伯格宣布，Facebook将更名为"Meta"），2010年被美国《时代》周刊评为年度人物，一跃成为风云人物。

与人物相关的概念

开发Facebook
2004年，在大学读书时开发出了具有本人实名注册特征的社交网络Facebook，并开始在校内使用。于2006年向公众开放。

电影《社交网络》
这部电影以扎克伯格先生创立Facebook公司的故事为蓝本，因获得众多电影奖提名而成为热门话题，但演绎（虚构）的成分较大。

成立政治团体"FWD.us"
这是一个超党派的政治组织，以入境管理和刑事司法制度的改革为主题。成立于2013年，由扎克伯格等人发起，以"移民法改革"为主要中心开展着活动。

该人物亮点！

 引发了社交革命！

相关术语

 社交媒体和SNS ……P130

杰夫·贝索斯

亚马逊公司（Amazon）联合创始人

1964年出生于美国。1994年创立了Amazon公司的前身Cadabra.com。第二年，即1995年开始了网上书店亚马逊（Amazon）的服务。亚马逊经营音乐、影像、日用品等，被称为"世界最大的网上零售企业"。2018年，他在全球富豪榜上排名第一。

与人物相关的概念

Amazon在日本
日本国内于2000年推出了Amazon.co.jp，可以在网上购买书籍。现在已经成为日本最大的电子商务网站，可以购买很多商品。

Amazon的Logo
亚马逊的标志从A到Z画有箭头，据说意味着"万般商品应有尽有"。它的形状看起来就像一个微笑。

"蓝色起源"的成立
贝索斯于2000年成立了关于航天事业的"蓝色起源（Blue Origin）"公司。据说正在研究和开发一种可重复使用的火箭，它可以垂直起降，目的是让更多的人都可以进入太空。

该人物亮点！
- 持续立足于顾客视角的电商业界之王！

相关术语

EC ······P126

补充

熟悉IT业界及相关区域

想要涉足 IT 行业，除了关注该领域的著名人物，熟悉众多 IT 企业聚集的"风水宝地"也是一种方式。如位于美国加州的"硅谷"就是著名 IT 企业云集的地方。它拥有谷歌、Apple、Intel、Facebook、Twitter 等众多 IT 企业的总部，因地价极高而闻名。

此外，利用与美国的时差，专注于外包的公司数量在印度持续增长。位于印度西南部的班加罗尔被称为"印度的硅谷"，谷歌、微软等公司也在此设立了基地。

（编辑注，"中国的硅谷"最早是指北京中关村。1980 年，这里办起了中国第一家 IT 公司。以后，中关村就变成了中国高科技行业，特别是 IT 行业的代名词。现在深圳也被认为是"中国硅谷"，专门设有深圳高新技术产业开发区。）

日本的 IT 企业都分布在哪些地方？

在日本也有很多 IT 企业集中发展的地方，如有历久弥新的"六本木山（Roppongi Hills）"，还有作为后起之秀的"涩谷（SHIBUYA BitValley）"和"五反田（Gotanda Valley）"等创业公司聚集的地方也备受关注。

此外，日本还采取了许多其他措施来吸引 IT 公司并带动区域发展。例如，日本在福冈等地设置"国家战略特区"来支持创业型企业，在和歌山的白滨地区开设远程办公的基础设施等。

岛根县松江市以编程语言 Ruby 的开发地而闻名，当地的 IT 公司在振兴地区经济方面发挥了核心作用，同时他们利用冲绳地区地震少的特点，建立了灾害发生时的数据备用据点，这很值得借鉴。福井县鲭江市的开放数据技术也很有名，自称"数据城"。

通过充分利用 IT，使大家即使不在都市也能自由地开展工作，所以随着工作方式改革的推进，未来的工作方式将会发生巨大的变化。

后记

可以说，IT 技术的发展从"日新月异"到了"秒新分异"的程度。这个领域发展势头迅猛，新的术语层出不穷，但其中大量的词汇并未经过翻译，就直接通过缩写或取首字母的方式出现在我们的生活中，大多数人仅通过这些术语的字面来理解它背后的含义是十分困难的。还有些词汇会因为某些原因，随着一时的热度而忽然兴起，传遍街头巷尾后又随着热度的消退而迅速消失，对于这些昙花一现的热词，即使我们费力去记住了也常常是没用的，因此需要鉴别。但是，如果你本身就从事 IT 相关工作，那么你一定需要记住这些词汇。并且，对于商务人士，在日常的洽谈中，如果你懂得相应的 IT 术语，想必能更顺利地进行对话，如果能将这些术语灵活运用、拿捏得当，唤起洽谈方的知识共鸣，你的社会认可度想必也会大大提高。你应该尽量掌握这本书中的术语，并以此为基础不断获取和扩充新的术语知识。

为了把握当今的发展趋势、跟上发展速度，加大术语的知识储备量是很有必要的。可能有人会认为："我自己在书中或在互联网上查找它就已足够了。"但是要注意，那需要你有一定的积极性和主动性，并且，最终你看到的和掌握到的可能只是自己关注的和自己感兴趣的部分。

因此，有必要采取广泛的信息收集手段，创造出一种"只要等着，信息就会从对面而来"的状态。例如，定期订阅杂志、用 RSS 收集网上的新闻、将播客（Podcast）设置为自动接收等，当你沐浴在大量的信息中时，各种术语或新词就会一次又一次地出现来帮助你记忆新词汇、总结和把握新趋势。

本书作为给想要更深入了解 IT 用语的人的礼物，精心总结了时下流行的术语和热词，是一本很有价值的参考书。

增井敏克